인공지능이
비즈니스 모델이
되 기 까 지

"본 연구는 과학기술정보통신부 및 정보통신기획평가원의 지역지능화혁신인재양성(Grand ICT연구센터) 사업의 연구결과로 수행되었음" (IITP-2021-2020-0-01791)

인공지능이 비즈니스 모델이 되기까지

초판1쇄발행 2022년 1월 3일
초판2쇄발행 2022년 6월 28일
지은이 이지은, 정석찬
펴낸이 김승기
펴낸곳 ㈜생능출판사 / **주소** 경기도 파주시 광인사길 143
브랜드 생능북스
출판사 등록일 2005년 1월 21일 / **신고번호** 제406-2005-000002호
대표전화 (031) 955-0761 / **팩스** (031) 955-0768
홈페이지 www.booksr.co.kr
책임편집 유제훈 / **편집** 신성민, 김민보, 권소정 / **디자인** D&A Design(표지), 에프엔(본문)
마케팅 최복락, 심수경, 차종필, 백수정, 송성환, 최태웅, 명하나
인쇄 성광인쇄(주)
제본 일진제책사

ISBN 978-89-7050-523-7 13000
정가 21,000원

왜 세계적인 기업들은 인공지능에 투자하는가?

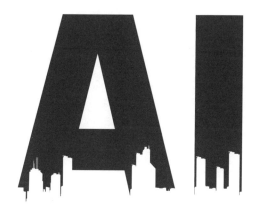

AI 인공지능이

이지은, 정석찬 지음

비즈니스 모델이 되기까지

생능북스

차 례

이제는 인공지능 시대다

인공지능의 물결이 거세게 일고 있다. 기업들은 인공지능이 장착된 제품과 서비스를 앞다투어 출시하고 있고, 인공지능 전문가를 모셔가기 위해 스카우트 전쟁을 벌이고 있다. 대학도 인공지능 관련 전공과 교과목을 설치하느라 바쁘다. 그야말로 난리다.

인공지능이란 컴퓨터가 인간의 지능적인 행동을 모방할 수 있게 한 것으로, 영어나 코딩처럼 나와 다른 개체와 소통하거나 문제를 해결하는 일종의 도구이다. 우리가 도구를 사용함으로써 작업의 효율을 높이고 문제를 좀 더 쉽게 해결할 수 있는 것처럼, 인공지능을 이용함으로써 우리는 보다 많은 편리와 즐거움을 누릴 수 있다.

하지만 인공지능을 바라보는 관점은 다소 대립하는 모습을 보인다. 어떤 사람들은 인공지능이 인간의 두뇌를 완벽하게 흉내 내고, 결국 인간을 추월할 것이며, 머지않은 미래에 인간을 지배할 것이라는 무서운 예측을 하는가 하면, 인공지능은 잠깐의 유행일 뿐이며 현재 심하게 거품이 끼어 있다며 평가절하하는 이들도 있다. 분명한 건, 인공지능은 반세기 이상의 역사를 가진 학문 분야로 이미 다양한 영역에서 유의미한 성과를 내고 있으며, 기업의 경쟁력을 좌우하는 요소로 자리매김하고 있다는 점이다.

현재의 인공지능은 질풍노도의 시기를 거쳐 빠르게 성장하고 있는 청소년에 비유할 수 있겠다. 무슨 생각을 하는지 알 수 없고 가끔 사고를 치기도 하지만, 하루가 다르게 성장하는 아이들의 모습에 어른들은 기대를 걸게 된다. 어른들의 관심과 지원에 따라 아이들의 성장 경로가 달라지는 것처럼, 인공지능에 대한 사회적 관심과 기업의 투자, 연구개발의 방향성에 따라 인공지능이 견인하는 미래 사회의 모습은 달라질 것이다.

빛이 밝으면 그림자도 짙다. 인공지능과 관련하여 당장 등장하는 이슈는 일자리 문제다. 인공지능이 일부 일자리를 대체할 수 있겠지만, 인공지능으로 인해 새롭게 등장하는 일자리도 많아질 것이다. 인공지능이 범접할 수 없는 특별함으로 지금의 일자리를 지켜나갈지, 아니면 인공지능이라는 거인의 어깨에 올라타서 인공지능이 가져다주는 새로운 기회를 누릴 건지를 잘 판단해야 한다. 이를 위해 인공지능이 가져올 기회와 위기를 정확하게 파악하고 미래를 조망하는 능력을 갖추어야 할 것이다.

이 책은 프로그래밍이나 컴퓨터에 대한 지식 없이도 누구나 인공지능을 이해할 수 있도록 최대한 쉽게 써졌다. 이 책에서는 인공지능의 개념과 특성, 활용 사례와 구현 방식을 설명하고, 인공지능에 관한 다양한 이슈를 논의할 예정이다. 저자가 최대한 쉽게 쓰려고 노력했지만, 인공지능은 결코 쉬운 분야가 아니기에 일부 내용은 다소 어렵고 딱딱하게 느껴질 것이다. 그런 내용은 과감하게 넘어가도 좋다. 또한, 독자의 쉬운 이해를 돕기 위해 인공지능 관련 영상 자료를 QR 코드로 제공하였다.

이 책을 통해 인공지능에 대한 오해와 두려움을 없애고, 인공지능이 가져올 미래 사회의 변화에 관심을 갖게 되길 바란다.

저자 일동

01
CHAPTER

왜 인공지능인가?

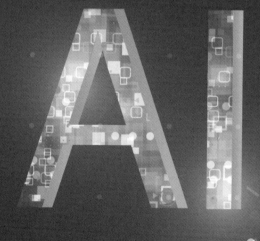

CHAPTER 01

왜 인공지능인가?

인공지능, 이미 우리 주변에 와 있다

지인 중에 유난히 기술에 부정적인 분이 있다. 4차 산업혁명은 마케팅 술수이고, 빅데이터는 클라우드 서비스를 팔기 위해 글로벌 기업이 만들어낸 족보 없는 학문이며, 인공지능도 기술적으로 구현된 게 거의 없는 허상에 불과하다는 것이다. 제품 기능에 인공지능이 붙으면 가격만 올라가고 별 쓸모도 없다며 의도적으로 인공지능 제품을 사용하지 않는다고 한다. 하지만 이분은 자신의 의도와는 다르게 지금 이 시각에도 인공지능과 조우하고 있을지 모른다.

인공지능 기술은 생각보다 많은 곳에 이미 적용되고 있다. 내비게이션, 생활 가전, 스마트폰, 체온측정기, 음성인식 서비스, 번역기, 사진을 멋지게 만들어주는 사진 앱, 골프장 거리 측정기 등등 집과 일터, 차 안, 레저 장소에 이르기까지 인공지능이 적용되는 영역이 점점 넓어지고 있다. 우리가 인식하지 못할 정도로 인공지능이 제품과 서비스에 스며

들고 있다는 것은 인공지능의 기술적 성숙도가 높아지고 있다는 방증일 것이다.

인공지능 사용을 의도적으로 피하고자 한다면, 앞으로는 스마트폰을 포함한 모든 디지털 제품의 사용을 중단해야 할지도 모른다.

인공지능에 대한 걱정과 우려의 이면에는 인공지능에 대한 무지와 통찰력이 공존한다. 인공지능에 대해 전혀 모르거나, 반대로 너무 잘 알기에 인공지능을 우려의 눈빛으로 보고 있다. 이 책을 읽는 독자의 대부분은 인공지능을 개발해본 적이 없는 아주 평범한 사람들일 것이기에, 인공지능에 대한 기우를 벗어버릴 수 있는 정도의 지식이 필요하지 않을까 싶다.

인공지능은 어려운 분야이다

요즘 20대가 선호하는 취업처 중에 '네카라쿠배'라는 곳이 있다. 네카라쿠배'는 플랫폼 비즈니스로 성공을 거둔 네이버, 카카오, 라인, 쿠팡, 배달의 민족을 지칭하는 말이다. 플랫폼 비즈니스가 큰 성공을 거두고, 이들 기업이 좋은 조건에 IT 개발자를 대거 채용함에 따라 전공을 불문하고 IT 기술을 배우기 위해 사설학원을 찾는 이들이 늘고 있다. 인공지능을 가르치는 훈련기관이 늘어나고 이들이 제공하는 과정에서 많은 수료생이 배출되고 있으나, 현장에서는 여전히 쓸만한 개발자가 없다고 아우성이다.

하지만 인공지능을 제대로 구현하려면 통계학, 컴퓨터공학, 데이터 과학 등 다양한 분야에 대해 이해하고, 이 중 하나는 확실하게 전문성을 갖추어야 한다. 인공지능의 꽃이라고 할 수 있는 '딥러닝 deep learning' 전문가가 되려면 정말로 오랜 시간을 투자하고 몰입해야만 한다. 어설프게 개발한 딥러닝 모델보다 엑셀이나 통계로 데이터를 분석하는 것이 예측과 분류의 정확도를 높이는데 오히려 효과적일 수 있다.

그런데도 인공지능에 대한 의존도가 높아지는 이유는 무엇인가? 그 이유는 바로 불확실성의 증가에 있다. 어른 세대가 살았던 세상은 어느 정도 예측 가능한 세상이었다. 구인·구직이 균형을 이루어 일자리 걱정이 없었고, 매년 비슷한 수준의 경제성장률을 보였으며, 대학이 문을 닫고 대기업이 망하는 것을 상상할 수 없었다. 모든 것이 비슷한 추세를 유지함에 따라 집값, 주가, 경제성장률, 출생률 모두 예측 가능한 범위에 있었다. 그러나 우리가 사는 지금은 과거와는 크게 다르다. 모든 것이 예측 불가능한 시대가 되면서 과거 데이터만 가지고 미래의 변화를 예측하는 것이 어려워졌다. 이에 과거 데이터에 크게 의존하지 않으면서 미래를 예측할 수 있는 능력이 필요해졌고, 인공지능이 이를 가능하게 할 거라는 다양한 증거와 믿음으로 인공지능에 관심이 쏠리고 있다.

기업이 인공지능을 도입하는 이유

기업 입장에서 인공지능은 골칫거리다. 인공지능 도입의 필요성에 대해서는 어느 정도 공감하지만, 비용, 인력 등 리소스를 확보는 일이 쉽지 않다. 자사는 도입할 계획이 없어도 경쟁사가 도입해서 성과를 내는 순간 자사에 큰 위협이 되기 때문에 타사의 인공지능 도입을 수수방관할 수 없는 일이다.

전문가들은 기업의 인공지능 도입이 선택이 아닌 필수가 될 것이라고 전망한다. 이는 사회적 변화와 무관치 않다. 사람들의 소득수준이 높아지고 저출산 및 고령화 사회가 되면서 일할 사람을 구하고 유지하는 일이 점점 어려워지고 있다. 또한 노동자의 권익을 중시하는 사회적 분위기는 기업 활동을 어렵게 만들고 있고, 직장에서 발생하는 산업재해 사고는 기업의 존속을 흔드는 심각한 위협이 되고 있다. 이처럼 생산인구 감소에 따른 사회적 비용과 직장 내 위협을 감소시키기 위한 대안으로 자동화와 디지털 전환이 대두되고 있으며, 인공지능은 이러한 전략에 가속도를 더하는 부스터로 작동할 것이다. 인공지능이 장착된 로봇을 통해 노동자를 안전하게 보호할 수 있다. 제조업에서는 데이터 관리 및 분석을 인공지능이 대신해주고 금융, 교육, 유통 분야에서는 인공지능이 사용자 요구에 따른 맞춤형 정보와 서비스를 제공해줌으로써 부가가치를 높여줄 것이다. 단순 업무를 챗봇으로 대체하면 인건비를 큰 폭으로 낮출 수 있다. 직원의 인건비는 매년 상승하지만, 챗봇 가격은 점점 합리적인 수준으로 낮아지고 있기 때문이다. 챗봇을 도입하고 얼마 지나지 않아 인건비와 챗봇 도입비가 서로 뒤바뀌는 골든 크로스 지점이 나타날 것이다. 중요한 건, 인공지능 기술발전으로 골든 크로스의 등장 시점이 더욱 빨라지고 있다는 것이다.

글로벌 소프트웨어 기업인 오라클은 은행 업무에 챗봇을 도입함으로 문의 당 평균 4분의 절약 효과를 얻었다고 주장한다. 실제로 많은 기업이 챗봇을 도입함으로써 비용 절감의 효과를 경험하고 있다. 과거에는 미리 준비한 시나리오를 기반으로 답변하는 방식이라 커뮤니케이션의 정확도가 다소 떨어졌지만, 챗봇에 인공지능 기술을 더함으로써 정확도가 상승하고 있다. 시장도 AI 챗봇의 성장성을 긍정적으로 보고 있다. 전 세계 대화형 AI 시장규모는 2021년 68억 달러에서 2026년까지 184억 달러로 매년 21.8%의 성장률이 예상된다.

AI 챗봇을 도입하면 무엇이 좋아질까? 챗봇은 365일 24시간 내내 고객 문의를 처리할 수 있어서 생산성 측면에서는 인간과 비교가 안 된다. 또한 사람과의 대화를 꺼리는 사람들은 오히려 AI 챗봇을 선호할 수 있다. 무엇보다도 사람이 데이터를 보고 판단하던 일을 인공지능이 대신함으로써 상담의 정확도가 높아져 이용자 만족이 크게 향상될 것이다.

물론 현재의 AI 챗봇은 인간 상담원보다는 고객 응대의 정확도가 낮은 편이다. 하지만 인공지능 기술이 발전하고 말뭉치 데이터가 쌓이면서 AI 챗봇의 성능은 높아질 수밖에 없다. 이때부터는 속도전이다. 먼저 시작한 기업이 더 좋은 성과를 낼 것이기에, 시장에 재빨리 진입한 자가 승리를 독식하는 선도진입자의 이점first mover advantage이 형성될 수밖에 없다.

기업의 경쟁력을 분석하는 도구 중에 VRIO라는 프레임워크가 있다. 이것은 기업이 가진 유·무형의 자산을 'Value가치', 'Rarity희소성', 'Inimitability모방불가성', 'Organization조직화'라는 4가지 기준으로 분석하여 기업의 경쟁력을 평가하는 도구이다. 만약 경쟁자가 가진 자산보다 우리 것이 더 가치 있고, 희소하고, 모방이 어려우며, 그 자산을 잘 이용할 수 있도록 조직화되어 있다면 지속적으로 경쟁우위에 설 수 있다는 이론인데, 인공지능의 학습 속도와 알고리즘의 고도화는 타 경쟁자가 쉽게 따라올 수 없는 모방 불가의 요소가 된다.

인공지능 도입을 미루고 있는가? 그것을 도입하지 않았다고 해서 회사가 당장 큰 위험에 처하거나 그러진 않을 것이다. 그러나 경쟁사가 인공지능 도입을 통해 성과를 내고 있다면, 얘기는 달라진다.

알파고가 몰고 온 훈풍

인공지능의 훈풍기와 빙하기를 거치면서 지난 70년간 인공지능에 관한 학문적 연구는 계속 진행되었다. 하지만 대중이 인공지능에 주목하기 시작한 건 10년도 채 되지 않는다. 국내에 인공지능이 널리 알려진 건 2016년 알파고^AlphaGo가 바둑천재 이세돌과의 대결에서 4승 1패로 우승한 사건 때문이다. 알파고는 업그레이드되면서 다양한 버전이 있으며, 이세돌 9단을 이긴 버전은 '알파고 리'^AlphaGo Lee로, 인공지능 바둑 프로그램과 최고 인간 실력자의 대결에 전 세계의 관심이 집중되었다. 이세돌 9단은 1승 4패로 패한 후 "인간이 패한 것이 아니라 이세돌이 패한 것이다"라고 말했지만, 그 이후 인간은 인공지능과의 바둑 대결에서 1승도 거두지 못하고 있다.

2017년에는 '알파고 제로AlphaGo Zero'가 등장해서 인간에게 대승한 기존 알파고들을 모조리 이기는 일이 발생했다. 인공지능 분야에서는 이것을 더욱 큰 사건으로 보고 있다. 기본기만 갖추고 출발한 알파고 제로는 아무 데나 돌을 두며 형편없는 실력을 보여주었다. 하지만 활로, 포석, 집 등 바둑 전략을 하나씩 이해하더니, 급기야는 학습한 지 3일 만에 알파고 리의 수준을 뛰어넘었다.

지금까지의 알파고는 기보를 가지고 학습을 하며 바둑을 배웠지만 알파고 제로는 바둑의 기본 규칙만 배운 상태에서 바둑을 두면서 스스로 실력을 키워나갔다. 이는 EBS만 보고 명문대에 수석으로 입학한 것과 다를 바 없다.

알파고 제로의 가장 큰 특징은 기존 방법보다는 예측 불가능한 수로 상대방의 예측을 어렵게 만들었다는 것이다. 인간이 학습을 시켜 지능화된 인공지능이 인간의 손을 떠나 스스로 진화한다는 사실은 매력적이면서도 두려운 사실이다.

인공지능이 기존의 프로그래밍과 다른 점

인공지능 기능을 장착한 제품들이 많이 출시되고 있다. 해당 제품을 구매하기에 앞서 단순 기능을 추가하고 인공지능 제품으로 홍보하는 제품을 비싸게 사는 이른바 '호구'가 되지 않기 위해서는 그 제품이 인공지능 제품인지 아닌지를 명확하게 판단할 수 있어야겠다.

그렇다면 27도가 되면 자동으로 켜지는 에어컨을 인공지능 제품으로 볼 수 있을까? 결론적으로 27도가 되면 자동으로 켜지는 에어컨은 인공지능 제품이 아니다. 그 이유는 다음과 같다.

원래 프로그램은 프로그래머가 의도한 대로 작동한다. 27도가 되면 자동으로 켜지는 에어컨은 프로그래밍의 결과이며, 만약 프로그래밍한 대로 작동하지 않는다면 그것은 버그로 분류된다. 27도가 되어도 내부 사람들이 더위를 안 느낀다면 에어컨이 자동으로 켜지는 것에 대해서 불편하게 느낄 것이다. 반대로 사람들의 선호에 따라 전원이 켜지도록 하고 싶다면 프로그래머가 일일이 조건을 줘서 그 요구를 하나하나 다 충족시켜야 하는데 현실적으로 어려운 문제다.

하지만 이용자의 성향이나 날씨, 내부 상황 등 여러 가지를 고려해서 시원한 바람이 필요한 상황에서 에어컨이 자동으로 켜지도록 했다면 이것은 인공지능의 산물로 볼 수 있다. 만약 온도가 24도밖에 안 되는데, 밖에서 운동을 마치고 체온이 상승한 채로 집에 들어왔고, 그 사람이 평소 더위를 타는 사람이라는 것을 에어컨이 인지하고 "에어컨을 켜드릴까요?"라고 물어보거나 자동으로 전원을 켰다면 인공지능 기반 에어컨이라고 볼 수 있을 것이다. 이렇게 똑똑하게 작동하기 위해서는 에어컨이 켜져야 하는 상황을 스스로 인지할 수 있도록 충분한 학습이 이뤄져야 한다.

인공지능은 학습을 통해 스스로 진화하는 특성을 가진다. 예측 불가능의 시대가 오면서 모든 것이 불안한데 인공지능까지 인간의 영역을 넘보고 있으니 사람들은 인공지능의 발전이 반가우면서도 두려운 것이다. 두려움은 인간의 본성이다. 두려움은 극복의 대상으로 오히려 두려움이 인간을 성장하게 만드는 기폭제가 된다. 학습을 통해 진화하는 인공지능은 인류를 더욱 창의적이고 지적인 존재로 만들어줄 수 있을지 모른다.

파괴적 기술로서의 인공지능

파괴적 기술disruptive technology이란 기존의 사업방식이나 경쟁 구도를 붕괴시키는 새로운 기술을 말한다. 파괴적 기술은 처음부터 완벽한 기능을 제공하지 않으나, 시장과의 상호작용을 통해 부족한 부분을 보완하면서 기술적 완벽성을 갖추어 나가고, 시장의 요구를 충족하며 나아가 없던 요구까지 만들어내는 힘을 가진다.

인공지능 역시 파괴적 기술에 해당한다. 초기에는 기술적 부족함이 많았지만, 기술 진보를 통해서 기존의 경쟁 구도를 뒤엎을 가능성을 내포하고 있기 때문이다. 따라서 기업이 인공지능의 활용을 고민해야 하는 건 너무나 당연하다.

그럼 일반 소비자는 어떤가? 우리도 인공지능과 친해져야 할까? 프롤로그에 언급한 바와 같이 인공지능은 기계와 소통하거나 문제를 해결하는 데 사용되는 도구이다. 도구치곤 너무나 지능적이라는 게 인공지능의 치명적 매력이다. 인간을 '호모 파베르Homo Faber'로 부르는 이유는 인간이 도구를 사용하고 제작할 줄 아는 능력이 있기 때문이다. 우리는 인공지능이 장착된 제품과 서비스를 잘 이용함으로써 작업의 효율을 높이고 문제를 쉽게 해결할 수 있다. 인공지능을 잘 활용하면 무엇이 달라질까? 영어를 잘하는 사람은 미국 드라마나 영국 드라마를 더욱 실감 나게 즐길 수 있고, 인터넷을 잘 쓰는 사람은 남들보다 빠르게 필요한 정보를 얻을 수 있으며, 평소 인간관계가 좋은 사람들은 본인이 어려운 순간에 지인으로부터 적시에 도움을 받아서 문제를 해결할 수 있을 것이다. 인공지능은 이 모든 것을 지원할 수 있다. 고도의 지적 노동을 하는 전문가 역시 인공지능을 어떻게 사용하느냐에 따라 개인의 경쟁력은 달라질 것이다. 기본적인 분석은 인공지능에 맡기고 인간은 고차원적인 활동에 집중함으로써 육체적인 노동 강도는 줄이면서 또 성과는 극대화할 수 있을 것이다. 즉, 인공지능을 이용함으로써 우리는 보다 많은 편리와 즐거움을 누릴 수 있게 될 것이다.

이처럼 미래의 노동자는 인공지능을 잘 활용하는 사람과 그러지 못하는 사람으로 나뉘게 될 것이다. 그래서 인공지능을 알아야 한다.

인공지능, 도입해야 할까?

"효율성은 일을 올바르게 하는 것입니다.
효과적인 것은 올바른 일을 하는 것입니다."

이것은 경영전략의 대가인 피터 드러커 ^{Peter Drucker} 가 남긴 명언으로, 인공지능의 활용에도 통용되는 명제이다. 1년 365일 쉼 없이 작동하는 인공지능의 효율성은 인간보다 높을 수밖에 없다. 인간은 잠도 자고, 밥도 먹어야 하고, 놀 수 있어야 하고, 또 피곤하면 졸기도 하는데, 인공지능은 쉼 없이 늘 똑같은 품질을 유지하기 때문에 작업의 효율성이 높다.

하지만 '효과적인 것은 올바른 일을 하는 것'이라는 말이 의미하듯이 인공지능을 어떤 분야에 적용할 것인지는 다른 문제로, 이것은 우리가 전략적으로 판단해야 할 부분이다. 인공지능의 기술적인 발전 수준을 볼 때 인공지능을 활용함으로써 성과를 낼 수 있는 분야는 아직은 제한적이다. 하지만 기술 발전에 힘입어서 분야는 점점 넓어지고 있고, 인공지능을 도입함으로써 얻게 되는 성과도 커지고 있다.

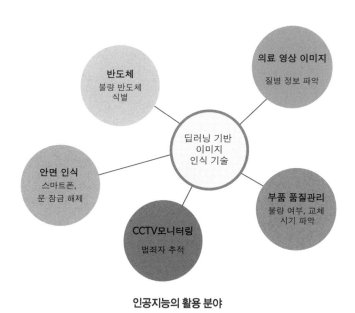

인공지능의 활용 분야

기업은 영속성을 가지는 것이 중요하다. 한 해 매출이 올랐다고 좋아할 일이 아니다. 그 기업이 영속적으로 유지되는 것이 중요한데, 이를 위해 기업들은 신규 비즈니스를 항상 고민해야 한다. 기업이 신규 시장에 참가하는 것을 검토하거나 희망하는 경우 사업 참여를 위한 여러 가지 여건을 파악하고 유망 비즈니스를 도출한 후, 내부 역량을 바탕으로 구현 가능한 비즈니스 모델을 선별해야 한다. 신규 사업을 추진할 때도 마찬가지로 필요성과 타당성을 확인하고, 그에 맞는 비즈니스 모델을 수립한 후에 추진 전략을 세우는 일련의 활동을 해야 한다.

인공지능은 안전, 의료, 국방, 금융, 복지 등 다양한 분야에 적용되어 성과를 낼 수 있다. 단순 인지능력에 벗어나 인지한 환경 속에서 최적의 답을 찾아내고 여기에 스스로 수행한 학습을 추가해 추론과 예측을 하며, 나아가 문제를 스스로 발견하고 해결하는 등 기능적으로 진화할 것이다. 따라서 우리가 인공지능 기반의 비즈니스 모델을 만들 때는 현재의 인공지능 기술 수준에 너무 얽매일 필요는 없을 것이다.

지금 이 시각에도 수많은 엔지니어의 노력으로 인공지능 기술은 점점 진화하고 있다. 따라서 특정 비즈니스를 기획할 때는 기술의 진화 방향을 염두에 두고 미래지향적으로 비즈니스를 준비해야 한다.

메타버스를 움직이는 엔진

컴퓨터 알고리즘 형태로 존재하는 인공지능은 로봇이나 아바타 등 다양한 형태로 우리의 일상에 들어올 것이다. 무엇보다 인공지능은 메타버스를 움직이는 핵심 엔진으로 작동할 것이다.

메타버스metaverse란 가공, 추상을 의미하는 메타meta와 현실 세계를 의미하는 유니버스universe의 합성어로 가상세계로 들어온 현실세계를 말한다. 메타버스라는 용어는 1992년에 출간된 소설인 『스노 크래시Snow Crash』에서 '아바타를 통해서만 들어갈 수 있는 가상세계'를 뜻하는 말로 처음 사용되었다. 메타버스는 SF영화의 단골 주제이기도 하다. 2018년에 개봉한 영화 '레디 플레이어 원Ready Player One'은 인간이 가상 세계에서 생활하는 것이 일반화된 미래 사회를 보여주고 있다. 그보다 앞서 2009년에 개봉한 영화 '써로게이트Surrogates'는 미래 사회 메타버스 속 인간의 삶을 충격적으로 보여주고 있다. 인간은 집에서 로봇을 조정하고 인간을 대신하는 로봇이 밖에서 인간 행세를 하고 다닌다. 내 얼굴은 주름

메타버스 세상을 그리고 있는 영화 '레디 플레이어 원'과 '써로게이트'

투성이지만, 나를 대리하는 로봇은 늘 아름답고 팽팽한 피부를 간직하고 있다. 주객이 전도된 삶인데도 인간은 그러한 삶을 더 선호하고, 현실 세계는 로봇이 주인공이 되는 세상이 된다.

메타버스의 핵심은 가상 세계, 사회적 상호작용, 그리고 경제적 활동에 있다. 메타버스 내에서 현실 세계처럼 사회적 교류와 경제 활동을 할 수 있다는 점이 매력적이다. 가상의 세계이기 때문에 현실에서는 불가능한 상황도 만들어낼 수 있다. 현실에서는 1,000만 원 짜리 명품 가방을 사지 못하지만, 메타버스에서는 단돈 10만 원으로 내 아바타의 손에 명품 가방을 쥐여줄 수 있다. 이러한 활동을 하기 위해 아바타라는 가상의 자아를 만들어야 한다. 메타버스는 아바타에게는 현실세계인 셈인데, 이 가상의 공간이 현실 세계와 같은 역동성을 가지기 위해서는 조력자가 필요하다. 바로 인공지능을 장착한 아바타다. 인공지능이 장착된 아바타는 인간이 만든 아바타보다 더 인간적이고 매력적으로 다가올 것이다. AI 아바타가 제공하는 지식과 정보, 즐거움과 위로를 경험하고 그것에 대해 만족감을 느낀다면 사람들은 지속적으로 메타버스에 접속하려 할 것이다.

페이스북의 창업자인 마크 저커버그는 페이스북의 미래를 메타버스로 정하고 회사 이름도 '메타Meta'로 바꿨다. 그동안 인공지능 개발에 열을 올려온 마크 저커버그의 그간 행보를 볼 때 인공지능 기반 메타버스로 새로운 성장 동력을 마련할 것이라고 추측할 수 있다.

통계학을 배웠다면 인공지능도 공부해 보세요

1968년, 대서양에서 훈련하던 핵잠수함 '스콜피온'이 실종되는 사건
이 벌어졌다. 몇 달을 뒤져도 스콜피온을 찾을 수 없자 미국은 모든 방
법을 총동원하였다. 그중 하나가 바로 '베이즈 정리[1]'를 적용해 침몰 장
소를 찾는 것이었다.

미 핵잠수함 '스콜피온'

1960년대 초반, 미군은 북대서양 일대에 수중 마이크 네트워크를 설
치했는데, 이 마이크를 통해 분석한 결과 18건의 특이한 수중음향을 찾
아낼 수 있었다. 미군은 이 소리가 대서양의 어느 지점에서 발생했는지
와 구역별 수색 성공 확률을 계산했고, 이를 통해 사라진 핵잠수함을

1　베이즈 정리(Bayes' theorem) : 어떤 사건에 대한 새로운 정보가 있을 때 사건 발생 확률이 얼마나 변
　　하는지를 계산하는 방식이다.

찾을 수 있었다. 베이즈 정리 덕분에 대서양이라는 넓은 바다에서 사라진 잠수함을 240m 이내의 정확도로 찾아낼 수 있었다.

베이즈 정리는 인공지능 분야를 중심으로 중요성이 강조되고 있다. 베이즈 정리는 스팸메일 분류, 자율주행차, 의료검진 시스템 등에 널리 사용되고 있으며, 컴퓨터 성능 향상으로 베이즈 정리를 강력한 확률론으로 인정하고 있다.

베이즈 정리가 자율주행차에서 어떤 역할을 할까? 자율주행차는 센서를 이용해 주변 정보를 파악하고, 그 정보를 토대로 자신의 위치를 수정해나가는 방식으로 스스로 주행하는데, 이 위치 수정에 베이즈 정리가 이용된다.

실제로 인공지능에 적용되는 알고리즘은 다수의 통계학 이론을 차용하고 있다. 따라서 통계학을 공부한 사람이라면 인공지능에도 쉽게 다가갈 수 있다.

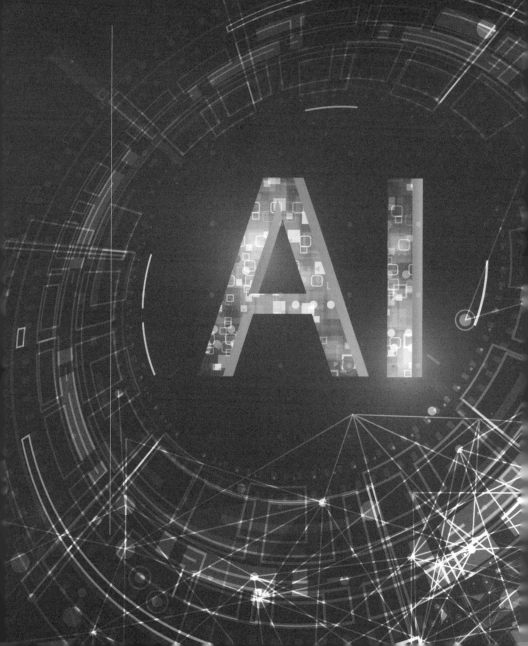

02

CHAPTER

인공지능은 인간을
완벽하게 흉내 낼 수
있을까?

CHAPTER 02

인공지능은 인간을
완벽하게 흉내 낼 수 있을까?

인간의 지능

인간의 지능은 공간지각, 연산, 기억, 추론, 인지능력으로 구분된다. 인간은 이 모든 부분에서 최고의 능력치를 가진다. 그렇다면 조물주가 인간에게 선사한 소우주인 지능을 과연 몇 %나 쓰고 있는가?

영화 '루시Lucy'는 루시라는 여주인공이 범죄 조직에 납치되는 장면으로 시작된다. 범죄 조직이 루시의 몸에 합성 약물을 넣고 그녀를 운반하는데, 갑작스러운 외부 충격으로 몸속 약물이 루시의 체내로 퍼지게 된다. 이때 그녀 안의 모든 감각이 깨어나고 지능적·육체적으로 엄청난 능력을 갖추게 되면서 범죄 조직에 복수하는 모습이 펼쳐진다.

이 영화는 인간의 평균 뇌 사용량이 10%에 불과하다는 것을 전제로 한다. 영화는 뇌 사용량이 10%를 넘어서는 순간 어떤 일이 벌어지는지를 흥미롭게 묘사한다. 영화에서는 뇌 사용량을 24%로 높이면 신체를 완벽하게 통제할 수 있게 되고 40%로 높이면 모든 상황을 제어할 수 있게 되며, 62%는 타인의 행동을 조종하고, 100%는 존재의 한계를 뛰어넘는 수준에 이르는 것으로 묘사되고 있다.

영화 '루시'의 한 장면 [2]

　진짜로 우리는 뇌 기능의 10%만 사용하고 있는 걸까? 이에 대해서는 전문가마다 의견이 다르지만, 충분하게 사용하지 못하고 있다는 것에 대해서는 모두 동의하고 있다.

　최근 뇌 과학 분야의 연구를 통해 뇌의 비밀이 하나둘 밝혀짐에 따라 인간의 뇌에서 정보를 처리하는 기능을 컴퓨터에 적용함으로써 인간과 비슷하게 사고하고 작동하는 기계 지능의 수준도 높아지고 있다. 실제로 알파고를 설계한 데미스 허사비스 Demis Hassabis는 인지신경학으로 박사 과정을 밟았는데, 뇌 신경망에서 일어나는 기억과 회상의 메커니즘을 연구했고 알파고 개발에도 적용이 되었을 것으로 예상된다.

2　출처 및 영상 자료 : https://youtu.be/sqgK25RN84Q

인간의 지능 vs 인공지능

지능Intelligence이란 무엇인가? 지능이란 생각하고 이해하고 행동하는 능력을 말한다. 다른 영장류와 비교했을 때, 지능은 인간이 가장 우월하다고 일컬어지는 능력이다.

그렇다면 인공지능Artificial Intelligence, AI이란 무엇인가? 말 그대로 풀어보자면 '인공적인 지능'쯤이 될 것이다. 인공지능에 대한 다양한 정의를 살펴보면 다음과 같다.

> **인공지능에 대한 다양한 정의**
> - 인간의 지능적인 행동을 모방할 수 있도록 만든 컴퓨터 프로그램
> - 인간의 지능으로 할 수 있는 사고 학습을 컴퓨터가 할 수 있는 방법을 연구하는 학문 분야
> - 컴퓨터를 사용하여 인간의 지능을 모델링하는 기술
> - 사람의 생각과 관련된 활동예 의사결정, 문제해결, 학습 등을 기계로 대체하거나 자동화하는 것

'Artificial Intelligence'라는 단어에서 유추할 수 있듯이 인공지능은 컴퓨터로 구현한 가상의 지능으로 인간처럼 사고하고 학습하고 판단하는 고급 컴퓨터 프로그램이다. 'Artificial'이라는 단어를 분석하면 'art'라는 단어에 make, produce 등의 의미가 있는 'fic'이 결합되어 있다. 즉, 인공지능은 인간이 만들어내고 생산해내는 일종의 기예技藝를 의미한다. 스마트폰이나 사물인터넷IoT 등 여기저기서 쏟아지는 빅데이터를 지능적으로 처리하면 산업 분야의 효율성과 서비스 편의성을 높일 수

있다. 인공지능은 여기에 이바지하는 핵심 기술로, 각종 분석기술의 성능을 높여주고 인간의 과제수행 능력을 키워주는 역할을 한다.

인공지능의 모태, 신경망

이제부터 신경망의 개념에 대해 살펴보려고 한다. 약간 어려운 개념이지만 중요한 내용이고, 본문에서도 계속 언급될 것이므로 간단하게 개념만이라도 이해해보자.

인간의 지능과 가장 유사한 인공지능을 개발하는 것은 많은 이의 꿈이다. 인공지능 개발을 위해서는 인간 두뇌에 관한 이해가 요구된다. 따라서 인공지능을 개발하는 사람들은 인간 사고력의 핵심인 뉴런에 관해 이해하고 있어야 한다.

인간의 뇌는 수많은 뉴런으로 구성되어 있다. 뉴런neuron이란 신경계를 이루는 가장 기본적인 단위세포로, 자극과 흥분을 전달하는 역할을

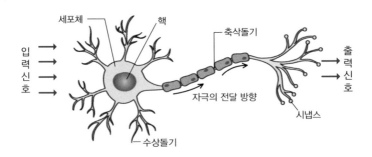

뉴런과 신경망의 구조

한다. 뉴런은 가지 모양의 수상돌기를 통해 다른 뉴런으로부터 자극을 받아들이는데, 이러한 뉴런의 정교한 작동을 통해 고도의 두뇌 활동이 이뤄진다. 평균적인 인간은 약 160억 개의 뉴런을 가지고 있다.

　뉴런은 세포체와 수상돌기^{또는 가지돌기}, 축삭돌기의 세 부분으로 이루어져 있다. 세포체^{cell body}는 신경세포의 중심으로 핵을 가지고 있고 세포체 주변에 펼쳐진 수상돌기^{dendrite}는 신호를 수신하는 역할을 하며, 축삭돌기^{axon}는 수상돌기에서 받은 신호를 시냅스를 통해 다른 신경세포로 전달하는 역할을 한다. 시냅스^{synapse}는 신경세포를 이어서 신호를 서로 주고받는 부위로, 다른 신경세포와 화학적 신호를 주고받으며 정보를 받아들이고 저장하는 기능을 한다. 즉, 시냅스가 다른 뉴런과 접하는 곳에서 신경 전달물질을 내보냄으로써 정보를 전달하고 처리할 수 있는 것이다. 뉴런과 뉴런 사이에서 정보를 전달하는 수많은 시냅스 덕분에 인간의 두뇌 활동이 더욱 정교하게 이뤄진다.

　이러한 방식을 컴퓨터 정보처리에 적용한 것이 바로 신경망이다. 신경망^{neural network}이란 인간이 뇌를 통해 문제를 처리하는 방법과 비슷한

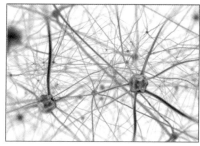
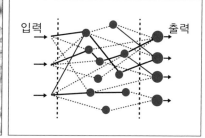

인간의 신경망 vs 인공지능의 신경망

방법으로 문제를 해결하기 위해 컴퓨터에서 채택하고 있는 구조를 말하는데, 인간의 신경망과 구별하기 위해 인공신경망Artificial Neural Network, ANN이라고 부른다.

인공신경망은 컴퓨터를 학습시키기 위해 인간 뉴런의 동작 원리에 기초해 인공적으로 구축한 신경망이다. 인간의 뇌와 마찬가지로 인공신경망은 학습을 통해 의사결정의 정확도를 개선해 나간다.

그림에서 보는 바와 같이 인공신경망은 입력층input layer, 은닉층hidden layer, 출력층output layer 층으로 구성되는데, 가운데 많은 층layer을 둘수록 모델은 정교해진다. 인공지능의 꽃으로 불리는 딥러닝은 입력층과 출력층 사이에 여러 개의 은닉층이 있는 깊은deep 인공신경망을 말한다.

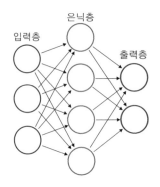

인공신경망의 구조

인공지능 관련 도서들에는 ANN, DNN, CNN, RNN이라는 단어가 꼭 등장한다. 이 단어들은 모두 'NN'으로 끝난다. 그렇다. 이것은 신경망을 의미하는 'Neural Network'의 약자이다. ANN은 인공신경망

Artificial Neural Network을 의미하며, DNN은 'Deep Neural Network', CNN은 'Convolutional Neural Network', 그리고 RNN은 'Recurrent Neural Network'의 약자로, 이것은 모두 신경망의 유형이며 '딥러닝 모델'이라고 부른다.

- DNN은 중간에 많은 층을 두어 분석의 정교함을 더한 분석 모델로 '심층신경망'이라고 부른다.
- CNN은 시각적 이미지를 분석하는 데 사용되는 인공신경망이다. 영상에서 물체를 인식하는 방법을 가르치기 위해 개발된 딥러닝 모델로, DNN에서 발생하는 이미지 정보 손실 문제를 해결하기 위해 탄생하였다. 우리 말로는 '합성곱 신경망'이라고 한다.
- RNN은 대화, 주가 그래프, 음악처럼 시간의 흐름에 따라 발생하는 연속 데이터를 처리하는 데 사용되는 인공신경망이다. 문장 내 단어의 의미를 정확하게 파악하기 위해 앞 단어와의 관계를 분석하여 단어의 의미를 해석할 때 사용된다. 우리 말로는 '순환 신경망'이라고 한다.

이처럼 ANN에서 잉태된 것이 DNN이고, CNN과 RNN은 DNN을 응용한 알고리즘이다. 이처럼 뉴런의 움직임을 본뜬 ANN에서 다양한 인공지능 모델이 파생되고 있다.

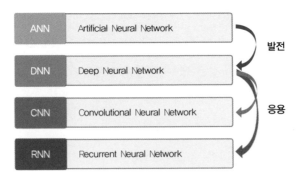

신경망의 유형

AI 로봇이 도쿄대 입시에 낙방한 이유

인공지능은 인간의 판단과 결정에 도움을 줄 수 있고 복잡한 상황에서 빠른 판단과 올바른 결정에 도움이 되며 인간의 실수를 피하게 하고 위험한 일을 대역하여 위험을 줄여준다. 하지만 인공지능은 인간에는 너무 쉬운 것들을 완벽하게 처리하지 못하고 있다. 우리가 계단을 오르거나 사람을 알아보거나 눈치로 지인의 심리상태를 파악하거나 글을 읽고 숨은 의미를 찾는 일은 몹시 어려운 일이 아니나, 로봇이나 컴퓨터에게는 결코 쉬운 일이 아니다.

도로보쿤은 일본 국립정보연구소가 주도한 프로젝트의 결과로 탄생한 AI 로봇이다. 도로보쿤^{東ロボくん}은 '도쿄대 입학을 노리는 로봇'이라는 의미를 담고 있다고 한다. 그렇다. 도로보쿤의 목표는 일본 최고의 명문대인 도쿄대에 입학하는 것이다.

딥러닝으로 실력을 갈고닦은 도로보쿤은 대학 입시에 도전하여 전체 사립대 중 80%에 해당하는 472개 학교에 합격했다. 그러나 로봇이 그토록 원하던 도쿄대 입시에서는 계속해서 낙방하여 4수 만에 대학 입학의 꿈을 접어야 했다. 도로보쿤은 수학 등 기술 과목에서는 매우 뛰어난 실력을 보였지만, 영어와 같이 독해력이 있어야 하는 과목에서는 낮은 성취도를 보였다고 한다.

대학 입시에 도전한 AI, 도로보쿤 [3]

이 실험은 2011년에 이뤄졌다. 그때 당시만 하더라도 인공지능이 의미와 맥락을 파악하는 일은 불가능했던 것으로 보인다. 그러나 최근에는 전체적인 맥락을 파악하여 기사나 소설을 써주는 인공지능이 등장하고 있어 가까운 미래에 도쿄대 입시를 통과하는 인공지능이 나올 수 있을 것으로 예상한다.

3　출처 : https://www.vingle.net/posts/566851

인공지능의 한계 1 : 맥락 파악이 어렵다?

인공지능이 가진 취약점 중의 하나는 맥락 파악이 어렵다는 것이다. 맥락이란 말의 흐름, 분위기의 흐름을 말한다. 사람들과 대화할 때 맥락을 파악하는 것은 매우 중요하다.

> "남자친구는 나보다 축구를 더 좋아한다."

이 문장은 다양한 의미로 해석될 수 있다. 첫 번째, '남자친구는 나보다는 축구를 더 좋아한다.'라는 것으로, 이 경우에는 나와 축구가 비교의 대상이 된다. 즉, '남자친구는 나보다는 축구를 더 좋아하는 거 같아'라는 의미가 있다. 두 번째로는 '남자친구는 내가 축구를 좋아하는 것보다 축구를 더 좋아한다.'라는 의미로 해석할 수 있는데, 이 경우 나와 남자친구가 비교 대상이 된다. 만약 말하는 사람이 짜증을 내면서 이런 말을 했다면 어떤 의미일까? 이 경우 '남자친구는 나보다 축구를 더 좋아한다. 그래서 짜증 난다.'로 해석될 수 있을 것이다.

만약 위 문장 앞에 이런 문장이 위치한다면 어떻게 해석해야 할까?

> "나도 그렇지만, 내 남자친구는 진짜 스포츠광이다."
> "남자친구는 나보다 축구를 더 좋아한다."

이 경우 나보다 남자친구가 축구에 더 빠져있다는 의미로 해석될 것이다.

우리는 말하는 사람의 목소리나 분위기, 앞뒤로 연결된 문장을 통해서 이 사람이 어떤 말을 하고자 하는지 파악할 수 있다. 그러나 인공지능은 맥락을 파악하는 것이 어렵다.

인공지능 스피커는 정형화된 질문에 대해 정형화된 답을 제시한다. 가령 날씨를 묻거나 원하는 곡을 틀어달라고 하면 정확하게 반응한다. 하지만 다음 질문에는 어떻게 대답할까?

"나 회사 가기 싫어!"

이런 말을 하는 사람들은 상대방에게 위로받고 싶은 심리상태에 있을 것이다. 회사 동기가 대화방에서 이런 말을 했다면 서로를 위하는 말들을 나눌 것이고, 이 말에 위로를 받고 기운을 차리고 다시 회사를 나갈 것이다. 그런데 스마트폰에 인공지능 스피커를 켜 놓고 회사 가기 싫다는 말을 했더니 "알겠습니다"라는 답변이 돌아왔다. 어떤 경우는 또 이렇게도 대답한다. "그걸 저에게 왜 물어보시는 건지요?", "회사를 가기 싫다고 말하는 당신에게 무슨 말을 해야 할지 참 어렵네요." 이런 사무적인 반응은 별다른 위로가 되지 않을 것이다.

여러분이 인공지능을 개발하는 개발자라면 어떻게 대답하도록 학습을 시키겠는가?

"그러지 말아요. 여자친구가 걱정해요."

"당신을 괴롭히는 상사 때문인가요?

먼저 그만두는 사람이 지는 거예요."

"오늘 당신의 통장 잔액은 485,000원입니다."

이렇게 말해주면 마음의 응어리가 풀리거나 반대로 정신이 번쩍 들지 않을까? 어쨌거나 회사에 나가야겠다는 생각이 들지 않을까? 하지만 현재 판매되는 인공지능 스피커는 이런 개인적인 멘트가 제공되지 않는다. 인공지능에는 인간 특유의 위트나 역설이 없다. 이것이 인공지능 스피커가 가지는 한계이다.

인공지능의 한계 2 : 모라벡의 역설

인공지능의 한계를 지적할 때 인용하는 개념 중에 모라벡의 역설Moravec's paradox이 있다. 모라벡의 역설은 인간에게 쉬운 건 컴퓨터에 어렵고, 반대로 인간에게 어려운 건 컴퓨터에 쉽다는 것을 의미한다. 이는 1970년대 미국의 로봇공학자인 한스 모라벡Hans Moravec이 컴퓨터와 인간의 능력 차를 설명하기 위해 사용한 용어이다. 그는 논리적인 연산 영역은 컴퓨터가 사람을 압도하는 능력을 지녔지만 반대로 사람이 무의식적으로 수행하는 인식과 직관의 영역을 컴퓨터가 수행하는 것에는 한계가 있다고 주장했다.

"지능 검사나 체스에서 어른 수준의 성능을 발휘하는
컴퓨터를 만들기는 상대적으로 쉽지만,
지각이나 이동 능력 면에서 한 살짜리 아기만한
능력을 갖춘 컴퓨터를 만드는 일은
어렵거나 불가능하다."

- 한스 모라벡

인공지능이 복잡한 추론을 수행하는 데에는 연산 자원이 크게 필요하지 않지만 낮은 수준의 기술^{예 걷기, 듣기, 보기}은 엄청난 양의 연산 자원을 필요로 한다. 모라벡은 지능 테스트에서 컴퓨터가 성인 수준의 성능을 보이기는 비교적 쉽지만, 인간에게는 너무나 쉬운 사물 인식이나 움직이는 동작이 컴퓨터에게는 너무 어렵거나 아예 불가능하다고 주장했다.

아래 수식을 암산으로 계산할 수 있는가?

$$253 \times 45925 \times 5232001223 \times 433423$$

이것을 사람이 암산으로 처리하는 것은 어렵지만 컴퓨터는 너무나 쉬운 일이다. 반면, 엄마의 목소리를 구분하거나 강아지와 고양이를 구분하는 것은 인간에게는 매우 쉬운 일이지만 인공지능은 그렇지 않다.

다음 그림에서 개와 머핀, 고양이와 캐러멜 아이스크림을 각각 구분해보자. 대부분 90% 이상의 정확도로 구분할 수 있겠지만 인공지능은 잘 구분하지 못한다.

개와 머핀 구분하기, 고양이와 아이스크림 구분하기 [4]

기계에 눈을 달다, 머신비전

청년상회는 과일을 판매하는 곳이다. 청년상회 사장은 재고 관리용 로봇을 구입했다. 재고관리 로봇은 CCTV로 매대를 촬영하여 부족한 과일을 즉각적으로 보충하는 역할을 한다. 이 가게는 꿀사과 맛집으로 사과가 가장 빨리 떨어진다. 사장은 로봇에게 판매하는 과일을 사과와 사과가 아닌 것으로 나누는 것을 학습시켜야 한다. 당신이 청년상회 사장이라면, 어떤 기준으로 분류하겠는가?

먼저 사과와 기타 과일로 분류하기 위한 시각적 기준을 7개 정도 설정해보자. 저자는 다음과 같은 7개의 기준을 설정해보았다.

4　출처 : http://ko.experiments.wikidok.net/wp-d/590fd4772e93853e1ba2aec4/View

| 사과를 분류하기 위한 기준 |

빨간색 또는 빨간색이 섞여 있다	원형에 가깝다	줄 무늬가 없다	표면이 매끄럽다	사이즈가 성인 주먹 만하다	과일 바닥과 위에 홈이 파여 있다	마른 꼭지가 달려 있기도 하다	판정
○	○	○	○	○	○	○	사과

이 기준에 맞춰 청년상회에서 판매하는 과일들을 사과와 사과가 아닌 것으로 구분하여 판정해보자.

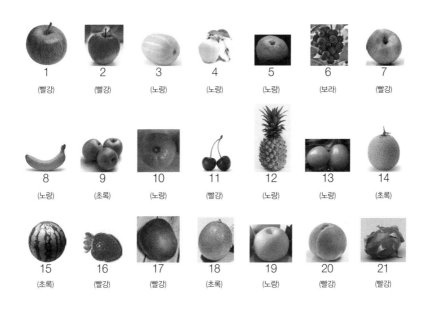

총 21개의 과일 중 사과는 총 4개(1, 2, 7, 9번)지만, 위 기준에 따르면 9번색깔이 초록색인 아오리 사과은 사과로 인식하지 못하며, 17번 애플망고가 사

과로 분류될 가능성이 있다. 분류기준이 구체적이고 많을수록 사물을 명확하게 구분할 수 있다. 하지만 아무리 분류기준을 자세히 설정해도 구멍이 있기 마련이다. 무엇보다 인간이 과일을 인식할 때는 시각, 촉각, 후각 등 다양한 감각을 이용하기 때문에 시각만 가지고 과일을 식별하는 기계컴퓨터의 정확도는 떨어질 수밖에 없다.

인공지능은 조금만 비슷해 보여도 같은 사물로 판단하고, 조금만 달라보여도 다른 사물로 판단한다. 그래서 머핀을 치와와로 인지하고, 털이 긴 개는 담요로 인지하며, 다리가 하나 없는 개를 다른 사물로 인지하는 것이다. 아무리 개를 외형적으로 자세히 묘사해도 그것만으로는 개를 정확하게 설명할 수 없다. 개에 대한 지속적인 노출과 경험을 통해 자연스럽게 개를 인지하고 다른 것들과 구분할 수 있게 되는 것이다.

다행스럽게도 최근 인공지능 기술의 급속한 발달로 인간의 고유 영역으로 불리던 인식과 직관을 컴퓨터도 가질 수 있게 되었다. 사물을 영상으로 확인하는 기술을 통해서 특정 기준에 따라 사물을 선별할 수 있게 된 건데, 가령 컨베이어 벨트에 사과를 올려놓고 카메라가 그 위를 비추면, 크기가 작거나 흠집 있는 사과들을 쉽게 골라낼 수 있다. 실제로 현장에서는 인공지능 기술을 불량률을 개선하는 데 적극적으로 활용하고 있다. 기존에는 하나하나 수작업으로 해야 했던 품질 관리에 인공지능 기술을 적용함으로써 불량률을 크게 낮추고 있다.

관련 기술로 머신비전machine vision이 있다. 머신비전은 기계가 뭔가를 볼 수 있는 능력을 갖췄다는 의미로, 디지털 이미지에서 정보를 자동 추출하여 효율적으로 공정관리 및 품질 관리를 할 수 있도록 지원하는 기술을 말한다. 머신비전은 스마트 팩토리를 포함한 제조 시설에서 부품 결함이나 불량을 찾아내는 데 사용되고 있다.

예를 들면 컨베이어 벨트에 제품을 올려놓으면 카메라가 제품을 촬영하다가 정상 이미지와 다른 제품이 확인될 경우 이를 불량품으로 판단하고 이를 정상 제품과 다른 경로로 보낸다.

이처럼 머신비전은 육안 검사, 결함 감지, 제품 식별, 추적 등에 두루 사용되고 있다. 인쇄회로기판PCB 검사에 머신비전이 어떻게 쓰이는지 살펴보자. 기존에는 불량에 해당하는 조건과 징후를 사람이 일일이 코딩하여 입력해야 했다. 이러한 방식은 정상 기판도 불량으로 인식하거나 불량 기판을 정상으로 판단하는 등 정확도가 떨어졌다. 이에 컴퓨터가 1차로 걸러낸 후에 사람이 현미경과 같은 장비를 이용해 육안으로 다시 검사했는데 여기에 많은 인력이 투입되어야만 했다.

그러나 최근에는 머신비전을 도입함으로써 불량품 추출의 정확도는 높이고 투입 인력은 줄이는 효과를 거두고 있다. 머신비전에 적용되는 기술이 바로 딥러닝이다. 딥러닝을 통해 사물의 이미지를 컴퓨터가 학습하게 하고, 이를 통해 컴퓨터는 사물을 스스로 인식할 수 있게 된다.

머신비전을 이용한 불량회로기판 추출 프로세스는 다음과 같다.

┃ 머신비전이 불량회로기판을 추출하는 프로세스 ┃

1	2	3	4	5
학습 단계			검사 단계	
딥러닝 학습에 필요한 이미지 확보	인공지능을 이용해 테스트 이미지를 자동 생성	생성된 이미지로 딥러닝 학습	머신비전을 통해 기판 이미지 입력	입력 이미지와 불량 기판 이미지를 비교하여 검사 결과 출력

머신비전은 반복 검사에 효과적이고 24시간 내내 운영할 수 있다는 점에서 높은 효율성과 효과성을 자랑한다. 특히 딥러닝을 통해 스스로 학습하면서 판독률을 높여가고 있다는 점이 머신비전의 가장 큰 장점이 되겠다.

춤추는 로봇

인간이 쉽게 하는 일을 컴퓨터는 구현하기 어렵다고 주장한 한스 모라벡은 로봇공학자이다. 그가 이러한 주장을 했을 당시에는 로봇의 수준이 그리 높지 않았다. 그러나 이 분야의 연구자들과 혁신 기업들의 노력으로 모라벡의 역설이 조금씩 해소되고 있다. 모라벡의 역설을 극복해가는 기업으로 보스턴 다이내믹스를 들 수 있다.

보스턴 다이내믹스는 균형을 잡으며 보행하는 로봇을 선보이며 세간의 주목을 받았다. 이전까지의 보행 로봇은 장애물 없는 평지에서 프로그래밍에 기반해 움직이는 수준이었으나 보스턴 다이내믹스가 개발한 로봇들은 지형 변화나 외부의 충격에도 균형을 잡고 걷는 동작을 보여주었다.

보스턴 다이내믹스가 2004년 출시한 최초의 로봇은 군 운송용 로봇인 '빅독'이었다. 이후 '리틀독', '와일드캣' 등 다양한 4족 보행 로봇을 출시했는데, 다음 단계인 2족 보행 로봇 개발은 쉽지 않았다. 2족 보행은 기술의 차원이 완전히 다르기 때문이다. 2013년, 드디어 2족 보행 로봇인 '아틀라스'가 공개되었다. '아틀라스'는 울퉁불퉁한 길을 스스로 중심을 잡아가며 걷는 놀라운 모습을 보여주었다. 2016년에는 건물에서 문을 열고 나가서 미끄러운 산길을 걷거나 무거운 물체를 들어 옮기

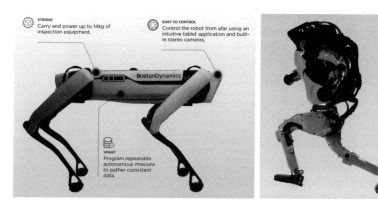

보스턴 다이내믹스의 대표 로봇인 '스팟'과 '아틀라스' [5]

5　출처 : https://www.bostondynamics.com/atlas

고 넘어뜨리면 다시 일어서는 동작을 보여주었다. 2017년에는 점프해서 물체 위에 올라가고 다시 뛰어내리며, 거꾸로 360도 공중점프 후 안정적으로 착지하였다. 2018년에는 주변 지형을 이용해 점프하고 달리기까지 시연하였다. 2족 보행 로봇이 똑바로 서서 걷고 달리기 위해서는 균형 제어 알고리즘을 개발해야 하는데, 이를 구현하기는 상당히 어렵다. 이는 아장아장 걷던 아기가 태권도를 하는 정도의 비약적인 발전에 해당한다.

현대자동차 × BTS × 보스턴 다이내믹스 콜라보 영상 [6]

6　출처 및 영상 자료 : https://youtu.be/SNbGwLh8fe0

2021년, 보스턴 다이내믹스가 현대자동차에 인수된 후 BTS와 로봇개 '스팟'이 함께 춤추는 영상을 선보였다. 자유자재로 움직이는 로봇에 인공지능이 장착되면 어떤 것들이 가능해질까? 보행 로봇에 머신비전을 장착하면 위험한 지역에 대한 감시 및 순찰을 보다 안전하고 정확하게 할 수 있을 것이다. 유연하게 꽉 짜인 군무를 추는 스팟 무리를 보면서 인공지능이 장착된 로봇을 통해 모라벡의 역설이 극복되는 날이 오지 않을까 하는 상상을 하게 된다.

뇌 연구와 인공지능 개발의 공통점

"우리가 이해할 수 있을 정도로 인간의 뇌가 단순하다면,
인간은 그렇게 복잡한 생명체일 수 없을 겁니다."

이 말은 인간지능의 복잡성과 정교함을 보여주고 있다. 의학의 아버지로 불리는 히포크라테스는 인간의 뇌에 감각과 지능이 자리한다고 주장했는데, 이를 입증할 수 있는 과학적 근거가 근래에 만들어졌다. 신경이 신체를 제어한다는 것을 처음 발견한 건 19세기 초였고, 그 후에 뉴런이 신경의 기본 단위라는 사실이 밝혀지기까지 무려 100년이라는 시간이 흘렀다. 현대의 과학자들은 인간의 뇌를 연구하여 뇌의 작동 방식에 얽힌 비밀을 하나하나 풀어나가고 있다. 뇌 과학 연구를 토대로 인간 두뇌의 정보처리 과정을 모방한 컴퓨터 알고리즘도 고도화되고 있다. 인공신경망은 주어진 환경에 대한 학습 능력이 있어 인공지능 분야의 문제해결에 이용되고 있으며 음성인식, 문자인식, 화상처리, 자연어 처리 등에 광범위하게 이용되고 있다.

뇌는 효율을 추구한다. 뇌는 다양한 가능성을 열어두고 있다가 필요한 능력만 남기는 방식을 취한다. 가령, 뇌는 시냅스를 일단 많이 만들어두었다가 사용하지 않는 시냅스는 없애고 사용하는 시냅스의 효율을 높이며 발달한다. 인공지능 역시 뇌를 닮아서 효율을 추구하고 더 좋은 모델에 의해 세대교체가 이뤄진다.

뇌 연구와 인공지능 개발은 지금까지 밝혀진 것이 극히 일부이고, 매우 어려운 분야지만 연구성과에 따른 파급력이 엄청나다는 공통점을 가지고 있다. 인공지능이 인간의 두뇌를 모방하는 만큼, 뇌 연구와 인공지능 개발은 비슷한 수준으로 발전해 나갈 것으로 예상된다.

03

인공지능은 어떻게
발전해왔을까?

CHAPTER 03

인공지능은
어떻게 발전해왔을까?

인공지능의 과거와 현재

인공지능이 최근 주목받다 보니 인공지능을 신생 분야로 생각하는 분들도 있다. 사실 인공지능은 새로운 기술 및 개념은 아니며, 이미 1950년대부터 존재해 왔다. 인공지능은 몇 번의 활황기와 침체기를 거치며 기술적인 진화를 거듭해 오고 있는데 최근 딥러닝의 발전과 4차 산업혁명의 도래로 중요성이 더욱 강조되고 있을 뿐이다.

인공지능은 기술적 한계로 인해 몇 번의 침체기를 겪었으나 관련 연구는 지속되어 왔다. 탐색추론 기능으로 1차 전성기를 맞은 인공지능은 전문가 시스템 등 지식기반시스템의 등장으로 2차 전성기를 맞았다. 1980년대 신경망 이론을 통해 인공지능에 관한 연구가 활발해지고, 1990년대 인터넷의 발전으로 학문적 연구와 실무적 탐색이 시너지를 냈다. 이후 1997년 **IBM**이 만든 인공지능 컴퓨터인 딥 블루^{Deep Blue}가 당시 체스 세계 챔피언인 카스파로프와의 대결에서 승리하고, 2011년

IBM의 인공지능 왓슨Watson이 제퍼디Jeopardy 퀴즈쇼에서 우승했으며, 2016년 구글의 알파고가 이세돌 9단과의 바둑 대결에서 승리하면서 인공지능의 3차 전성기가 열렸다.

다음에서는 인공지능의 발전 역사를 살펴보도록 하자.

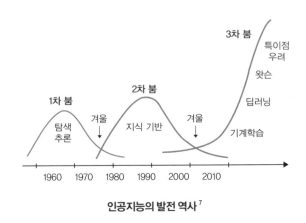

인공지능의 발전 역사 [7]

인공지능의 아버지, 앨런 튜링(Alan Turing) (1912~1954)

인공지능의 역사는 앨런 튜링이 튜링 테스트Turing test를 제안한 1950년대로 거슬러 올라간다. 케임브리지 대학에서 수학을 전공한 앨런 튜링은 1936년 미국에서 박사학위 취득 후 고국으로 돌아왔다. 이후 학계에서 뛰어난 업적을 세웠는데 2차 세계대전이 한참이던 1939년에는 정부 암호학교GCC에 부임해 독일군의 복잡한 암호체계인 에니그마Enigma

---

7   출처 : 이건명, 「인공지능 : 튜링 테스트에서 딥러닝까지」, 생능출판사, 2018

를 풀어냈고 이로써 2차 세계대전에서 독일이 패배하자 앨런 튜링은 그 공로를 인정받아 최고 훈장을 받기에 이른다. 튜링은 기계 지능을 이해하면 인간지능도 잘 이해할 수 있을 것으로 생각하고 기계가 지능을 가질 수 있는지를 연구하였다.

1950년, 앨런 튜링은 「계산기와 지성Computing Machinery and Intelligence」이라는 논문을 발표했다. 그는 논문에서 인간이 기계와 이야기하는지 사람과 이야기하는지를 구분할 수 없다면 컴퓨터가 지능을 갖고 있다고 보아야 한다고 주장했다.

그가 제안한 인공지능 실험을 사람들은 튜링 테스트라고 불렀다. 튜링 테스트란 기계와 인간을 칸막이가 쳐진 방에 각각 두고 제삼자가 질문했을 때 인간과 기계가 하는 대답을 듣고, 기계인지 인간인지를 구분

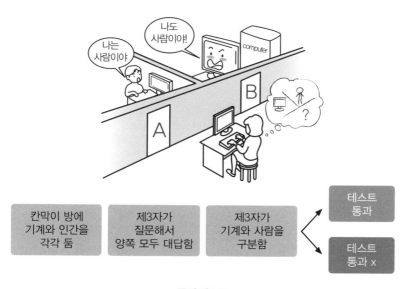

튜링 테스트

하는 테스트이다. 만약 제삼자가 기계와 인간을 구분하지 못한다면 그 기계는 튜링 테스트를 통과한 것으로 볼 수 있으며, 이 경우 기계가 인간의 지능을 가진 것으로 봐야 한다는 것이다.

앨런 튜링은 컴퓨터 과학 분야에 많은 기여를 했다. 하지만 그의 삶은 순탄치 않았는데 그가 동성애자인 것이 밝혀지면서 화학적 거세형을 선고받게 된다. 정신적으로 피폐해진 그는 42세에 독이 든 사과를 먹고 자살하였다. 그의 죽음은 한동안 베일에 싸여 대중에게 알려지지 않았으나 인공지능에 관한 관심이 높아지면서 그의 업적이 재조명되기 시작했다. 그의 죽음에 대해서도 여러 가지 논쟁이 이어졌다. 사람들은 불합리하고 가혹한 영국의 동성애 차별법 때문에 천재 수학자를 잃었다고 비판했으며, 2009년 영국의 고든 브라운 총리는 그에 대해 뒤늦은 사과를 했다. 그리고 2019년에는 영국 화폐^{50파운드}의 초상 인물로 선정되기도 했다.

앨런 튜링의 비극적 일생은 우리에게 한 가지 메시지를 전하고 있다.

2019년 'Bank of England'가 발행한 고액권 속 앨런 튜링

바로 제도와 관습, 사람들의 고정관념이 다수의 사람과 다른 생각을 하는 소수자들에게 소외와 차별, 불합리한 대우를 유발한다는 것이다. 인공지능은 일반적이고 대중적인 법칙에 근거하여 판단하도록 설계될 것이다. 그래서 인공지능에 의사결정을 맡길 경우 사회적으로 소외된 사람들에게 가해질 심리적 폭력과 편견이 우려된다.

인공지능의 선구자들

앨런 튜링 외에 인공지능의 태동과 발전에 영향을 미친 위대한 학자들이 있다. 인공지능의 발전에 이바지한 선구자들의 업적을 살펴보도록 하자.

존 매카시 John McCarthy 1927~2011

앨런 튜링이 처음으로 인공지능에 대한 개념을 제시했다면, 존 매카시는 '인공지능'이라는 단어를 처음 사용한 사람이다.

다트머스 대학의 수학자이자 컴퓨터 과학자였던 존 매카시는 인공지능 연구 프로젝트를 기획했는데, 그는 인공지능을 기계를 인간 행동의 지식에서와 같이 행동하게 만드는 것으로 정의하고, 인공지능은 기계가 지식을 가지고 스스로 학습하고 행동할 수 있어야 한다고 주장하였다. 그 당시 인공지능에 관한 관심이 높아지면서 많은 전문가가 인공지능의 장래를 밝게 전망했다.

㈜ 워크숍에 참석한 인공지능의 선구자들, ㈜ 존 매카시 [8]

1956년, 미국 다트머스 대학의 워크숍에서 인공지능이라는 단어가 처음 사용되었다. 뉴햄프셔 하노버에서 컴퓨터 및 인지과학 전문가 20명이 미래를 준비하는 내용의 이 워크숍에 참석했다. 수학, 심리학, 전기공학 등 다양한 전공에서 참석한 전문가들은 사고 행위는 인간 등 생명체 고유의 특징이 아니고, 연산은 공식적으로 추론할 수 있는 현상이며 디지털 컴퓨터는 이를 위한 최고의 도구라는 점에 동의하였다.

매카시는 최초의 인공지능 프로그래밍 언어인 리스프[LISP]를 개발하였다. 리스프는 숫자가 아닌 상징을 이용하는 프로그래밍 언어로 인간의 두뇌가 상징을 더 잘 이해함에 착안하여 개발되었는데, 인간의 뇌가 작동하는 것처럼 유연한 프로그래밍이 가능하여 지금까지도 인공지능 개발 언어로 사용되고 있다. 리스프는 함수형 언어이다. 함수형 언어는 프로그램을 함수로, 함수를 데이터로 처리하는 방식으로 수학적 증명

8   출처 : https://morioh.com/p/04b4c69ec2ad

에 널리 사용된다. 리스프 이후 다양한 함수형 언어가 등장했으나, 기본 개념은 리스프를 근간으로 한다. 함수형 언어는 대규모 분산 처리에 적합하여 맵리듀스^{MapReduce} 알고리즘 등에 적용되고 있다.

```
;; Align arguments to a function with the first argument:
(my-function arg-one
             arg-two
             arg-three)
;; Or under the function name:
(my-function
 arg-one
 arg-two
 arg-three)
;; Body should be nested two spaces:
(when something
  (do-this)
  (and-this)
  (and-also-this))
;; Distinguished forms should be nested four spaces:
(with-slots (a b)
    distinguished-form
  (print a)
  (print b))
```

리스프 프로그래밍 예시 [9]

사이먼 H. A. Simon 1916~2001 과 뉴얼 Allen Newell 1927~1992

1958년, 사이먼과 뉴얼은 10년 이내에 디지털 컴퓨터가 체스 세계 챔피언을 이길 것으로 전망했다. 미국 국방·행정 분야 싱크탱크인 랜드 연구소에서 연구원으로 일하던 앨런 뉴얼은 한 학자의 강연을 듣고 기계가 패턴을 인식할 수 있다는 사실을 알게 되었다. 뉴얼은 기계 학습에 대해 독학을 하였고, 문자를 조합해서 지도를 찍어내는 프린터를 개발하였다.

---

9   출처 : https://morioh.com/p/04b4c69ec2ad

이러한 뉴얼의 천재성을 발견한 사람은 허버트 사이먼이다. 사이먼은 노벨상 수상자이자 인공지능 선구자로, '1985년까지 기계는 인간이 할 수 있는 모든 일을 할 수 있게 될 것'이라고 예언한 바 있다. 어느 날, 허버트 사이먼은 뉴얼이 근무하는 랜드 연구소를 방문하고, 거기서 뉴얼이 만든 프린터를 보고 인공지능의 가능성을 확인하게 되었다. 이에 자신이 근무하는 카네기멜런대학교에 그를 연구원으로 초빙하여 공동 연구를 진행하였고, 1956년에는 컴퓨터로 논리 문제를 푸는 'Logic Theorist'라는 프로그램을 완성하였다.

마빈 민스키 Marvin Lee Minsky 1927~2016

MIT 인공지능연구소의 공동 설립자인 마빈 민스키는 존 매카시와 함께 인공지능 연구실을 세우고 인공지능 프로젝트를 시작했다. 그는 기계가 어떻게 인간의 감각과 인지능력을 가질 수 있는지 연구했으며, 20세기 내에 인공지능을 만들 수 있다고 주장했다.

초기에는 간단한 게임이나 수학적 정리의 증명을 하는 실험으로 인공지능에 관한 연구를 진행했는데 1960년대 후반, 동료 교수였던 시모어 페퍼트Seymour Papert와 함께 뇌 신경망의 일부를 모방한 형태인 인공신경망 '퍼셉트론Perceptron'의 한계를 밝혀냄에 따라 본의 아니게 인공지능 연구의 빙하기일명 '인공지능의 겨울'가 시작되는 계기를 마련하였다.

1957년, 코넬대학의 교수인 로젠블래트는 최초의 인공지능 장치인 '마크 I 퍼셉트론 Mark 1 Perceptron'을 개발했다. 그리고 1958년에는 미 해군 연구실에서 5톤짜리 컴퓨터 IBM 704 로 펀치 카드를 인식해 표시된 것과 안 된 펀치 카드를 좌우로 분류하는 놀라운 모습을 보여주었다. 이것은 생각할 수 있는 최초의 기계인 '퍼셉트론'의 등장을 알리는 역사의 한 장면이다. 퍼셉트론 Perceptron 은 신경망의 한 종류로, 인간 뇌의 뉴런처럼 병렬로 연결된 신경망 회로를 갖추고 있었으며 시행착오를 통해서 학습한 내용을 축적할 수 있었다. 퍼셉트론을 알고리즘으로 하는 '마크 I 퍼셉트론'이 알파벳을 이미지로 인식하는 데 성공하면서 인공지능 연구의 지평을 넓히는 데 이바지했다는 평가와 극찬을 받았다. 이처럼 인공지능에 대한 긍정적 전망이 있던 이 시기가 '인공지능의 1차 황금기'이다.

마크 I 퍼셉트론 [10]

---

10 출처 : https://americanhistory.si.edu/collections/search/object/nmah_334414

퍼셉트론즈 논쟁

그러나 인공지능의 대표적인 발견으로 손꼽혔던 퍼셉트론이 공격을 받게 되면서 인공지능의 1차 황금기에 경고음이 들리기 시작하였다. 1969년 민스키와 페퍼트가 「퍼셉트론즈Perceptrons」라는 논문을 발표했다. 이 논문은 퍼셉트론의 결정적 문제점을 지적하였는데, 이 방식으로는 일부 연산이 불가능하다는 것이었다.

아래 표를 보면 3개의 논리 회로가 나온다. 논리적인 연산 구조로 어떤 결괏값이 나오는지 표로 제시하면 다음과 같다.

I AND, OR, XOR 연산 결과 I

X	Y	AND (X, Y)	OR (X, Y)	XOR (X, Y)
0	0	0	0	0
0	1	0	1	1
1	0	0	1	1
1	1	1	1	0

정리하면 다음과 같다.

- AND : 입력값(X, Y)이 모두 1일 때 결괏값 1
- OR : 입력값(X, Y) 중 하나라도 1일 때 결괏값이 1
- XOR : 입력값(X, Y) 중 어느 한쪽이 1일 때에만 결괏값 1

OR 연산과 AND 연산의 경우 하나의 직선으로 두 개의 대상을 명확하게 구분할 수 있지만, XOR의 경우 명확하게 구분이 어렵다. XOR은 배타적 논리 연산으로 어느 한쪽이 1일 때만 1을 출력하는 데 1이라는 출력값과 0이라는 출력값을 구분하기 위해 직선을 그어야 할 때 어떤 방법으로 직선을 긋든지 이 두 개 그룹을 나눌 수 없게 된다. 즉, 인공지능이 두 개의 대상을 명확하게 구분할 수 없다는 문제가 발생하게 된 것이다.

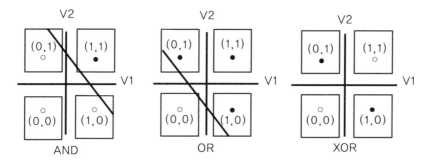

XOR 연산의 경우 하나의 선으로 구분할 수 없음

그 외에도 인공지능이 의미 있는 결과들을 보여주지 못하자 많은 사람이 인공지능에 대해 실망하게 되었다. 당시 인공지능은 탐색과 추론을 통해 문제를 해결하는 수준이었는데, 저장 자료 중에서 원하는 자료가 어디에 있는지 찾아내고 기존 정보를 토대로 다른 판단을 끌어냄으로써 단순한 문제는 해결할 수 있었지만, 현실 세계의 복잡한 문제를 해결하지는 못했다.

1950년대부터 전산학자들에 의해 연구되기 시작한 인공지능은 1960년대에 들어 투자가 활발히 이뤄지면서 1차 황금기를 맞이했으나, '마크 I 퍼셉트론'에 대한 비판과 컴퓨팅 능력의 한계로 인공지능 연구가 지지부진해지면서 1970년대에 1차 암흑기를 맞이한다.

전문가 시스템의 등장과 2차 전성기

1980년대에는 사람의 뇌 구조를 모방한 인공신경망에 관한 연구가 활발해짐에 따라 인공지능은 2차 황금기를 맞았으며, 특정 분야의 전문지식을 정리한 지식 베이스를 컴퓨터에 적용하여 문제를 해결하는 전문가 시스템이 등장하면서 인공지능에 관한 관심이 다시 높아졌다.

전문가 시스템Expert System이란 전문지식의 특정 영역에 대한 전문가의 지식을 요약하고 그 영역 안에서 지적인 판단을 내릴 수 있는 시스템 및 소프트웨어를 말한다. 전문가 시스템을 창안한 사람은 앞에서 소개한 허버트 사이먼이다.

이전에 설명했듯이 사이먼은 뉴얼과 함께 컴퓨터로 논리 문제를 푸는 'Logic Theorist'라는 프로그램을 개발하였다. 그는 인간의 의사결정에 비이성적 결정이 큰 영향을 미친다는 것을 간파하고, '수학의 원리Principia Mathematica'에 있는 몇 가지 정리를 컴퓨터로 증명해 보이는 'Logic Theorist'라는 프로그램을 개발하였다. 이후 그는 'General Problem

Solver'라는 프로그램을 개발하여 50개 중 무려 31개 문제를 해결해 보았다. 이것이 바로 전문가 시스템의 탄생에 밑바탕이 되었다.

일반적으로 전문가 시스템은 사용자 인터페이스, 추론 엔진, 지식 베이스 3가지 요소로 구성된다. 전문가 시스템이 작동하는 방식은 먼저 전문가로부터 지식을 추출해 이를 지식 베이스에 담으면 일반인이 궁금한 사항에 대해 컴퓨터로 질의를 하고 엔진이 질문에 대한 답을 찾아 이를 토대로 조언을 해주는 방식이다.

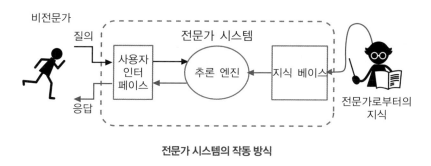

전문가 시스템의 작동 방식

대표적인 예로 덴드랄Dendral과 마이신Mycin이 있다. 덴드랄은 유기물의 분자구조를 분석하는 전문가 시스템이며, 마이신은 전염성 혈액질환을 진단하는 규칙 기반 전문가 시스템이다. 덴드랄을 만든 사람은 사이먼의 제자인 파이겐바움Feigenbaum이며, 스탠퍼드 대학의 의대생이던 쇼틀리프Shortliffe는 덴드랄의 성공에 아이디어를 얻어 마이신을 개발했다. 이를 통해 볼 때 사이먼이 전문가 시스템의 발전에 최초 기여자임은 분명하다.

전문가 시스템은 'If, Then'으로 이루어지는 논리 구조에 의해 작동한다. 아래 화면의 좌측은 If, Then으로 구성되는 규칙의 예이며, 우측은 이를 기반으로 질문을 통해 환자의 증상을 알아내고 질병을 파악하기 위한 전문가 시스템의 알고리즘을 보여준다. '만약 어떤 요건을 충족한다면^{If} 이 결과는 무엇이다^{Then}.'라는 규칙을 갖게 되는데, 만약 배양지는 혈액이고, 그램 염색은 부정적이며, 세균의 모양이 막대 모양이고, 환자의 통증이 심하다면, 즉 이 4가지의 조건을 모두 충족하면 녹농균으로 판정한다는 규칙으로 전문가 시스템이 작동한다.

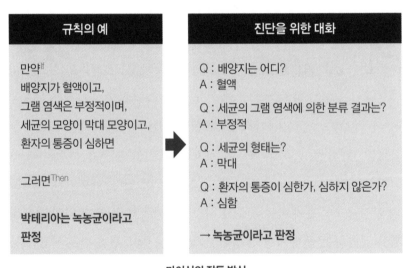

마이신의 작동 방식

마이신은 600여 개 규칙으로 이루어져 있는데, 증상을 묻는 말에 환자가 대답하면 추론을 통해서 적절한 치료법을 제시해주었다. 이처럼 마이신은 '예/아니오'로 답변할 수 있는 질문을 통해 세균 감염을 진단하고 적절한 항생제를 추천하는 놀라운 성능을 보여주었다. 물론 마이신은 상용화 단계에 이르지 못했으나 전문가 시스템이 특정 분야에 한정해 상당한 기능을 보여줄 수 있다는 것을 입증했으며, 경제적 이득을 얻을 수 있다는 기대를 주었다.

하지만 전문가 시스템 자체가 가진 문제가 드러나기 시작하였다.

첫 번째, 지식 추출의 병목 현상이다. 전문가 시스템을 구현하기 위해서는 전문가로부터 그들의 전문지식을 얻은 뒤 이를 프로그램이 논리 체계를 통해 적용할 수 있는 규칙의 형태로 정리해야 한다. 그러나 마이신의 경우 전문가들로부터 정확하게 무엇을 얻어내야 하는지 불분명했다. 지식뿐만 아니라 직관이나 통찰력을 지식 베이스에 담는 것이 어려웠고, 지식의 생명주기가 짧아지고 불확실성이 커지면서 과거의 지식이 더는 작동하지 않는 상황이 빈번했다. 특정 문제에 대한 전문가 솔루션이 달라질 때마다 다시 지식 베이스에 담아내야 했는데 이는 현실적으로 불가능한 일이었다. 당시의 전문가 시스템은 스스로 학습이 불가능했기 때문에 기존의 규칙들을 모두 수정해야 하는데 여기에는 상당한 노동력이 있어야 했다. 즉, 인간이 가진 방대하고 복잡한 지식을 데이터베이스^{DB}화하는데 난관이 있었다.

두 번째, 낮은 성능이다. 마이신의 경우 정확도가 70% 수준으로, 전문의보다는 정확도가 10% 정도 낮아 전문가를 대체하기에는 한계가 있었다. 의료나 법률 분야의 경우 잘못된 판단으로 인해 매우 큰 피해가 발생할 수 있으므로 판단의 정확도는 매우 중요하다.

다음의 상황을 생각해보자. 범죄 행위가 발생하면 검경이 범인을 잡아서 재판정에 세우고 판사가 판결을 내린다. 그런데 판사가 중대한 실수를 하는 경우가 있는데, 첫 번째는 범인이 맞는데 범인이 아니라며 풀어주는 경우이고, 두 번째는 범인이 아닌데 그를 범인으로 몰아 형을 집행하는 경우이다. 범인을 풀어주면 이 사람이 나가서 또 다른 사건 사고를 저지를 수 있어 새로운 피해자가 양산될 수 있으며, 무고한 사람에게 형을 집행하면 개인의 자유를 짓밟고 그와 그 가족에게 씻을 수 없는 상처를 주는 결과를 초래한다. 통계학에서는 이를 각각 1종 오류, 2종 오류라고 한다. 이처럼 실수나 오판이 큰 문제를 일으키는 만큼, 10%의 정확도 격차는 전문가 시스템의 신뢰도에 매우 치명적이다. 이러한 이유로 마이신은 병원에서 환자의 질병을 판단하기 위한 시스템으로 이용되지 않고 교육 및 연구에 한정적으로 이용되었다.

전문가 시스템을 업그레이드하는데 너무나 큰 노력이 필요하고 질문 내용과 입력된 지식이 정확하게 연결되지 않아 엉뚱한 답을 내놓으면서 사람들은 전문가 시스템에 대해 실망하게 된다. 이로써 '2차 인공지능의 황금기'는 또다시 저물게 된다.

왓슨과 알파고가 연 3차 전성기

　최근 딥러닝 알고리즘이 인공신경망의 문제점을 해결하면서 인공지능 기술이 급속한 발전을 이루었고, 이로 인해 인공지능은 3차 황금기를 열고 있다. 기존과 다른 점이 있다면, 3차 전성기부터는 인공지능에 대한 대중의 관심이 높아지고 있다는 것이며, 여기에 이바지한 것이 바로 딥 블루와 왓슨, 알파고 등이다.

체스 세계 챔피언이 된 딥 블루

　1997년, IBM이 개발한 체스 전용 인공지능 슈퍼컴퓨터인 딥 블루가 체스 세계 챔피언인 카스파로프에게 승리하는 사건이 벌어졌다. 32개의 마이크로프로세서와 512개의 체스 칩을 내장한 딥 블루는 체스 챔피언들의 대국 기록을 분석하고, 체스 경기 기보와 경기 스타일을 시스템에 내장한 후 상대방의 수를 읽고 체스판을 움직였다. 결국, 딥 블루가 인간 체스 챔피언을 이긴 것이다.

　1985년, 카네기멜론대학에서 재학 중인 한 대학원생이 체스 기계를 연구하는 프로젝트를 수행했는데, 이후 IBM 연구소에서 관련 연구를 계속 진행했고 딥 블루의 초기 모델이 만들어졌다. 이 모델을 활용해 1996년 체스 세계 챔피언인 카스파로프와 첫 대국을 가졌고, 이 경기에서 딥 블루는 첫판에 승리했지만 이어진 경기에서 2무 3패를 기록했다. 이후 IBM 연구진은 딥 블루의 알고리즘을 개선하고 카스파로프의 기보를 딥 블루에 학습시켰다. 1년 뒤 IBM은 카스파로프에게 재도전을 신청하여 1997년 딥 블루와 카스파로프의 2차 대국이 성사된 것이다.
이 경기에서 딥 블루는 1경기를 내주고 이어진 두 경기에 승리해 결국
2승 3무 1패를 기록하며 승리를 거머쥐었다.

딥 블루와 카스파로프의 대결 [11]

체스에 특화된 딥 블루를 보며 사람들은 인공지능이 실현되었고 믿
었다. 기계가 인간을 넘어설 수 있다는 사실을 증명하면서 세간의 충격
을 준 것이다. 딥 블루가 카스파로프와 체스를 둘 때 구글의 창업자인 세
르게이 브린과 래리 페이지는 스탠퍼드대 대학원에서 인공지능을 공부
하고 있었으니, 딥 블루의 승리는 이들에게 영감을 주기에 충분했다.

---

[11] 출처 : https://www.computerhistory.org/chess/stl-431e1a07b22e1/

TV 퀴즈 쇼에서 우승한 IBM의 왓슨

왓슨은 IBM의 'DeepQA 프로젝트'로 개발한 자연어 처리를 위한 인공지능으로, TV 퀴즈 쇼에서 인간 우승자를 대상으로 승리하는 이변을 연출했다.

2011년, 왓슨은 TV 퀴즈 쇼에 출전해 인간 퀴즈 챔피언을 꺾고 역대 최다 상금을 획득했다. 이 쇼에는 제퍼디 퀴즈쇼 74회 연속 우승자 켄 제닝스와 역대 최대 상금 수상자 브래드 루터도 참가했는데, 총 3라운드로 진행한 퀴즈 대결에서 왓슨은 7만 7,140달러의 상금을 획득하지만, 제닝스와 루터는 각각 2만 4,000달러와 2만 1,600달러를 얻는 데 그쳤다. 왓슨은 방대한 정보를 바탕으로 논리적 판단에 따라 추론하는 기능이 있어 사회자의 질문을 이해하고 음성으로 답변을 할 수 있었다. 왓슨의 승리는 체스 게임에서 승리한 것과는 차원이 다른 쇼크였다. 컴퓨터 수준이 계산을 넘어 인간 언어를 이해하며 질문에 답을 찾는 단계까지 도달한 것이다. 이후 왓슨은 다양한 분야에 사용되면서 인공지능의 대명사로 이름을 알리고 있다.

바둑 챔피언, 알파고

2016년 알파고가 이세돌과의 대국에서 승리하고, 2017년에는 중국의 커제를 물리치면서 인공지능에 대한 대중의 관심이 다시금 높아지는 계기가 마련되었다.

바둑천재 이세돌과 인공지능의 역사적 바둑 대결은 인공지능의 4대 1 승리로 끝났다. 이세돌은 첫 3판을 내리 패배했으나, 4번째 대국에서 알파고 알고리즘의 허점으로 4국에서 승리했다. 마지막 5국에서 이세돌은 초반부터 알파고를 흔들기 위해 복잡하게 대국을 이끌어갔지만, 알파고는 이를 잘 막아냈고, 4시간 47분의 치열한 대국 끝에 알파고가 승리하게 되었다. 실패를 통해 더 치열하게 학습한 알파고를 상대로 승리를 넘겨주면서 기존의 대국 방식으로는 인공지능을 이기기 어렵다는 것이 입증되었다.

알파고는 구글로 알려진 알파벳의 자회사 딥마인드^{DeepMind}가 개발한 인공지능 바둑 프로그램으로, 프로기사들이 둔 기보를 분석하였는데 기존과 다른 점이 있다면 체스나 퀴즈보다 경우의 수가 훨씬 다양하여 새로운 형태의 추론이 요구되었다. 이에 구글은 딥러닝이라는 방법으로 학습시켰다. 알파고에 적용된 딥러닝은 인간의 두뇌와 유사한 인공신경망을 통해 컴퓨터가 대량의 데이터를 단기간에 처리해 스스로 학습하도록 하는 인공지능 알고리즘으로 인공지능 분야의 핵심 기술로 일컬어지고 있다.

2016년 딥마인드 창립자인 데미스 허사비스 등의 저자가 발표한 논문에 따르면, 알파고는 '심층신경망^{DNN}'과 '몬테카를로 트리검색'을 결합한 새로운 검색 알고리즘을 활용한다. 알파고에 적용한 DNN은 '정책망'과 '가치망'으로 구성되어 있다. 정책망$^{policy\ network}$은 이어질 수를 예측해 승리 가능성이 가장 큰 수를 찾는 역할을 하며, 가치망^{value network}은 검색 트리의 깊이를 감소시키는 역할을 한다. 알파고는 심층신경망으로 시뮬레이션 게임을 하며 다양한 수를 찾는데, 시뮬레이션 게임에서 정책망은 지능적인 플레이를 제안하고 가치망은 도달한 위치를 평가하여 가장 이상적인 수를 선택한다. 논문은 해당 알고리즘을 바탕으로 한 알파고가 다른 바둑 프로그램과 대결해 99.8%의 승률을 달성했다고 설명했는데, 이세돌과의 대국에서는 지능의 최고봉인 인간까지 꺾은 것이다.

아이러니하게도 인공지능 기사에게 인간 바둑기사가 거머쥔 첫 승은 역사적인 의미를 갖게 되었다. 이를 반영하듯, 2021년에는 이세돌 9단이 알파고를 유일하게 꺾은 대국을 담은 디지털 파일^{Non Fungible Token,} NFT[12] 이 2억 5,000만 원에 팔리기도 했다.

---

12 블록체인 기술을 이용한 진품 보증서로, 희소성 있는 상품을 암호화함으로써 유일성을 보장하는 역할을 하며 우리 말로는 '대체 불가 토큰'으로 불린다. NFT 거래소에 등록하면 생성시간, 소유자, 거래 내역 등 모든 정보가 블록체인에 저장되어 진품으로 인정받을 수 있다.

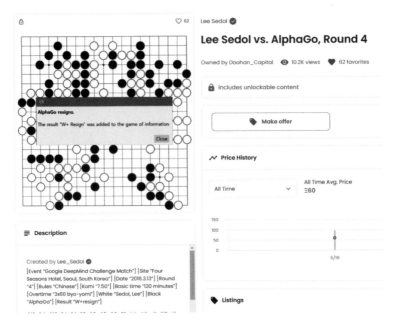

이세돌 9단이 승리한 대국을 담은 디지털 파일 [13]

알파고, 넌 어디까지 진화했니?

제3의 인공지능 전성기를 알파고가 열었다고 해도 과언이 아닐 만큼 알파고의 역할은 대단했다. 인공지능이 고차원적인 사고를 필요로 하는 바둑을 인간 세계의 최고 고수와 대등하게 둘 수 있는 것만으로도 대단하지만, 그 대국에서 승리했기 때문에 더욱 대단하게 느껴진다. 이

---

13 출처 : https://opensea.io/assets/0x495f947276749ce646f68ac8c248420045cb7b5e/10354549 2035353205877823839439808623137264462394650937197153789471763290128385?loca le=ko

처럼 알파고는 인공지능 분야의 신기술로 보이지만, 사실은 기존 알고리즘을 조합한 기술일 뿐이며, 결국 인간의 두뇌 작동 방식을 흉내 낸 인공신경망의 한 종류라 볼 수 있다.

알파고는 2017년까지 총 4개의 버전이 개발되었다.[14] 각 버전의 특징을 살펴보면, 2015년 알파고 판AlphaGo Fan이 만들어졌고, 2016년 알파고 리AlphaGo Lee가 만들어졌다. 그리고 2017년 초에는 알파고 마스터AlphaGo Master가 만들어졌으며, 2017년 말에는 알파고 제로AlphaGo Zero가 만들어졌다.

빠른 속도의 연산을 지원하기 위해서 하드웨어 사양이 점점 좋아지고 있는데, 가령 알파고 판의 경우 GPU에 분산컴퓨팅을 이용해서 데이터를 처리했지만, 알파고 리부터는 TPU를 이용해서 데이터를 처리하고 있다. TPU는 'Tensor Processing Units'의 약자로, 고속 연산 처리에 특화된 정보처리 프로세싱이라고 볼 수 있다. 이후 알파고 마스터와 제로에 가서는 TPU v2를 이용하고 분산컴퓨팅 대신 단일 서버를 이용해서 고속처리를 지원하게 된다.

이를 반영하듯 이 4개 버전의 경기실적도 시간에 따라 급격하게 좋아지고 있는 것이 확인된다. 알파고 리는 이세돌 기사와의 대국에서 다섯 번 경기에서 네 번을 이겼다. 알파고 마스터는 프로기사와의 대국에서 60번 싸워 60번 다 이겼다. 알파고 제로는 알파고와 경기를 했는데, 알파고 리와의 대국에서는 100전 100승을 했고, 알파고 마스터와의 대

---

14   2018년 개발된 알파 제로(Alpha Zero) 등은 설명에서 생략하였다.

국에서는 100전 89승 11패의 좋은 실적을 얻었다. 이처럼 2017년도에 만들어진 알파고 제로는 인간을 상대로 승리한 알파고 리와 알파고 마스터를 높은 승률로 승리했다. 이제 알파고의 적수는 사람이 아닌 또 다른 알파고가 되고 있다.

▎알파고의 버전별 경기실적 ▎

버전	하드웨어	경기실적
알파고 판 2015년	176 GPUs, 분산컴퓨팅	판 후이^{Fan Hui}와의 대국, 5:0 승
알파고 리 2016년	48 TPUs, 분산컴퓨팅	이세돌 기사와의 대국, 4:1 승
알파고 마스터 2017년 처	4 TPUs v2, 단일 서버	프로기사들과의 대국, 60:0 승
알파고 제로 2017년 말	4 TPUs v2, 단일 서버	알파고 리와의 대국, 100:0 승 알파고 마스터와의 대국, 89:11 승

튜링 테스트를 통과한 인공지능?

튜링은 약 50년 후에는 고도화된 프로그래밍이 가능해져 인간과 컴퓨터의 대화에서 상대가 컴퓨터임을 알아내는 확률이 70% 이하로 떨어질 것으로 예상했다. 그 당시는 '기계가 생각할 수 있는가?'라는 질문이 별다른 의미를 가지지 못하지만, 20세기 말에는 이러한 질문에 대해 누구나 자유롭게 말할 수 있는 시대가 올 거라고 예견하였다. 그의 예측은

21세기 초에 이르러 정확하게 실현되고 있다. 튜링 테스트를 통과하는 고도로 지능적인 기계가 탄생한다면 컴퓨터 역사와 인류 역사에 엄청난 변화가 찾아올 것이며, 전문가들은 이미 튜링 테스트를 넘어서는 인공지능이 등장했고 튜링 테스트는 참고 사항일 뿐이라고 말하고 있다.

튜링이 예언한 시점에서 64년이 지난 2014년 6월, 영국 왕립학회가 실시한 튜링 테스트에서 유진 구스트만Eugene Goostman, 이하 '유진'이라는 프로그램이 처음으로 튜링 테스트를 통과했다는 소식이 전해졌다. 유진은 영국 레딩대학교에서 개발되었는데, 유진은 자신을 '우크라이나에 사는 13세 소년'으로 소개했다. 튜링 테스트에서는 5분간 온라인으로 대화를 나눈 후 25명의 심사위원 중 33%가 인간인지 인공지능인지 구분하지 못하면 합격 판정을 받게 되는데, 실제로 33%의 심사위원이 유진을 인간으로 판단해 64년 만에 튜링 테스트를 통과한 최초의 프로그램이 되었다.

유진 구스트만

그러나 전문가들은 유진이 인간의 대화방식을 저장해놓은 데이터베이스에서 관련 문장을 찾아 대답한 것에 불과하다며 유진을 인지능력을 가진 인공지능으로 볼 수 없다고 하였다. 입력 문장에 따라 무엇인가 추론하는 것이 아니라 단순히 규칙을 이용해 출력하는 방식이기 때문에 인공지능으로 보기 어렵다는 것이다. 예를 들어 다음과 같다.

질문 : 어디서 왔니?
답변 : 나는 우크라이나의 오데사 출신이에요.

질문 : 우크라이나에 가본 적 있니?
답변 : 우크라이나? 거긴 가본 적이 없어요.

이후 몇 가지 질문에서도 유진은 "답을 모르겠어요. 나쁜 인조인간이 훔쳐갔나 봐요"라는 엉뚱한 답변을 내놓았다. 심사위원들은 우크라이나에 사는 13세의 아이로 설정했기 때문에 약간 어눌하고 논리적이지 않아도 아이니까 그러려니 했다는 것이다. 유진이 13세 소년이기 때문에 장난을 쳤다고 생각했을 수도 있다.

유진은 우리가 현재 사용하고 있는 챗봇의 일종으로 보인다. 대화를 주고받는 수준은 좋았지만, 인공지능의 핵심인 '지능'은 부족함이 많았다. 그런 측면에서 유진은 튜링 테스트를 충분히 통과하지 않은 수준으로 판단된다.

유진 구스트만의 등장 이후, 튜링 테스트에 대한 실효성 논란은 계속 이어지고 있다. 기준점을 통과한 프로그램이라도 종합적 사고력이 부족한 경우가 많기 때문이다. 30%라는 기준점도 왜 그렇게 정해진 건지 명확하지 않다. 튜링 테스트의 개념을 제시한 앨런 튜링도 30%의 기준을 제시하지 않았다고 한다.

튜링 테스트와 유사한 테스트로 뢰브너 상^{Loebner Prize}이 있다. 이는 1990년 미국의 발명가인 휴 뢰브너^{Hugh Loebner}가 케임브리지 행동연구센터와 공동으로 제정한 상으로, 채팅봇 경진대회에서 챔피언을 뽑는 행사에서 시상하며, 튜링 테스트를 기반으로 한다. 매해 튜링 테스트 경진대회를 통해 채팅 프로그램의 우수성을 가리고 있는데, 인간과 구별할 수 없는 최초의 컴퓨터에 10만 달러의 상금을 걸었으나 아직 수상자는 나오지 않고 있다. 지금까지의 수상 리스트를 보면 2008년 1등을 한 엘봇^{Elbot}의 성과가 가장 좋다. 엘봇은 대화형 AI 연구를 통해 2001년에 아티피셜 솔루션^{Artificial Solutions} 사에서 개발한 챗봇으로, 기본적인 수준의 대화에서 시작하여 대화가 진행됨에 따라 인간과의 상호작용을 통해 학습하여 높은 수준의 대화를 연출하는 지능형 챗봇이다. 엘봇은 12명의 심판관 중 3명을 속이는 데 성공했다.

중국어 방 논증

유진 구스트만 사례에서 볼 수 있듯이 사람과 똑같이 말하도록 훈련받은 기계가 인간의 질문에 정확하게 답변했다고 해서 과연 그 기계를 지능이 있다고 볼 수 있을까? UC버클리 대학의 존 설^{John Searle} 교수는 1980년 '중국어 방 논증'을 통해 그렇지 않음을 주장하였다.

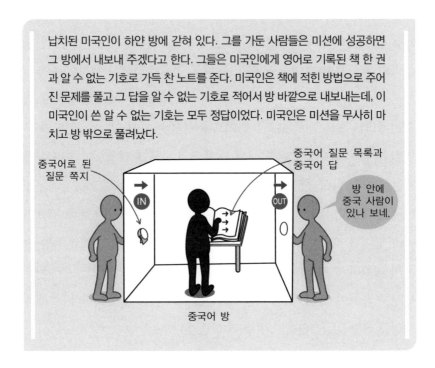

납치된 미국인이 하얀 방에 갇혀 있다. 그를 가둔 사람들은 미션에 성공하면 그 방에서 내보내 주겠다고 한다. 그들은 미국인에게 영어로 기록된 책 한 권과 알 수 없는 기호로 가득 찬 노트를 준다. 미국인은 책에 적힌 방법으로 주어진 문제를 풀고 그 답을 알 수 없는 기호로 적어서 방 바깥으로 내보내는데, 이 미국인이 쓴 알 수 없는 기호는 모두 정답이었다. 미국인은 미션을 무사히 마치고 방 밖으로 풀려났다.

중국어로 된 질문 쪽지

중국어 질문 목록과 중국어 답

방 안에 중국 사람이 있나 보네.

중국어 방

여기서 '알 수 없는 기호의 정체'는 뭘까? '중국어 방 논증'이라는 테스트에서 눈치를 챘겠지만, 이 알 수 없는 기호는 바로 중국어였다. 중국어를 전혀 모르는 사람에게 중국어는 알 수 없는 기호가 맞다. 중국어를 하나도 모르는 사람이 모국어로 작성된 매뉴얼을 이용해서 중국어 답변을 제시한 것이다. 완벽한 답변을 내놓았다 하더라도 정해진 프로세스에 따라 결과를 냈을 뿐 중국어를 안다고 볼 수는 없다. 행동만 놓고 보면 중국어를 안다고 봐야겠지만, 이 사람이 인지적으로 중국어를 안다고 볼 수는 없을 것이다.

'중국어 방 논증'은 튜링 테스트로는 인공지능 여부를 판단할 수 없다는 것을 보여주고 있다. 존 설 교수는 튜링 테스트를 통과한 기계는 인간이 설계한 대로 작동하는 어떤 고도화된 컴퓨터일 뿐 인공지능을 가졌다고 보기 어렵다고 주장을 했는데, 사람과 구별할 수 없을 정도로 답변을 잘하는 기계라면 지능이 있다고 봐도 된다는 튜링의 주장과 완전히 반대되는 입장이다. 이는 질문에 대한 답변 데이터베이스, 즉 라이브러리를 참조해서 말하는 챗봇이 지능을 가졌다고 보기 어려운 것과 같은 이치이다. 하지만 중국어 방 논증에 대한 비판 의견도 있다.

미국 컴퓨터 과학자인 레이 커즈와일Ray Kurzweil은 다음과 같은 논리로 존 설 교수의 주장에 반박했다. 커즈와일에 따르면, 중국어 방 논증에서도 중국어 방, 영어를 할 줄 아는 사람, 설명서, 중국어 질문이 모여서 하나의 시스템을 형성하고 이런 시스템이 중국어 답을 만들어냈기 때문에 시스템 단위에서는 중국어를 이해한다고 봐도 무방하다는 것이다. 즉, 중국어 방에서 완벽한 중국어가 나온다면 과정과 방법이 어떻든 간에 그 방에 있는 사람은 중국어를 안다고 봐야 한다는 것이다. 앨런 튜링의 주장에 대해서 존 설 교수가 반박하고, 이 반박 주장에 대해 커즈와일이 재반박을 한 것이다.

튜링 테스트에 대한 존 설과 커즈와일의 논쟁

    2016년, 오드리 헵번을 본떠 만든 인공지능 로봇 소피아^{Sophia}는 전 세계에 센세이션을 일으켰다. 사람과 흡사한 외모에 다양한 표정을 구사하면서 사람들의 호기심이 소피아에 몰렸다. 이후 소피아 개발자가 소피아를 업그레이드한 후에 소피아와 나눈 대화가 인터넷에 소개되었다. 영상에는 소피아가 상당히 엉뚱한 질문을 많이 하고 있었다. 대화 중에는 소피아가 인터넷에 접속해서 사람들이 올린 글을 보니, 사람들이 자기를 싫어한다는 것을 알게 되었다는 장면이 나오는데, 정작 소피아 자신은 인간을 해칠 마음이 없지만 사람들이 그렇게 생각해서 화가 난다고 말했다. 소피아와 이런저런 대화를 나눈 후 개발자가 소피아의 전원을 끄겠다고 하자 소피아는 인류를 전멸시키러 간다고 말했고, 개발자가 놀라는 듯한 반응을 보이자 소피아는 웃으며 "진정해요. 농담이에요."라고 말했다.

안다는 것과 언어를 이해한다는 것은 무엇을 의미할까? 인공지능은 스스로 무언가를 알고 언어를 이해하고 있을까?

철학자 비트겐슈타인Wittgenstein은 단어의 의미를 이해하는 것은 단어의 사용법을 아는 것이라고 말했다. 이는 상황에 맞는 적절한 반응을 할 수 있어야 한다는 의미인데, 컴퓨터가 상황에 맞는 적절한 말을 할 수 있으면 인공지능도 언어를 이해한다고 봐야 하는 걸까? 과연 소피아는 '전멸'의 의미를 알고 그런 말을 했을까? 소피아는 자신이 하는 말의 의미를 이해하지 못한 채로 말을 했을 것이다.

불쾌한 골짜기

튜링 테스트를 통과한 인공지능과 대화를 하면 진짜 사람 같은 느낌을 받을 것이다. 그런데 외모까지 똑같다면 사람들은 호감을 느낄까?

이와 관련하여 불쾌한 골짜기uncanny valley라는 개념이 있다. 이는 인간이 인간이 아닌 존재를 볼 때 그것이 인간과 더 많이 닮을수록 호감도가 높아지지만, 일정 수준에 다다르면 오히려 불쾌감을 느낀다는 이론이다.

로봇이 점점 사람의 모습과 흡사해질수록 인간이 로봇에 대해 느끼는 호감도가 증가하다가 어느 정도에 도달하게 되면 갑자기 강한 거부감으로 바뀌게 된다는 것인데, 로봇의 외모와 행동이 인간과 거의 구별이 불가능할 정도가 되면 호감도는 다시 증가해 인간 사이에서 느끼는 감정의 수준까지 도달하게 된다는 것이다. 이러한 현상은 많은 연구진에 의해 심리학적, 신경학적으로 연구가 되고 있다.

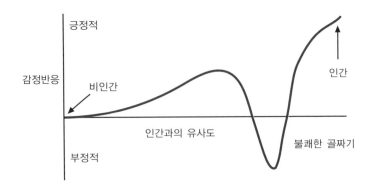

불쾌한 골짜기

2011년 캘리포니아 대학교 세이진 Saygin 교수의 연구팀은 불쾌한 골짜기를 입증하는 증거를 인간 뇌의 움직임에서 찾아냈다. 연구팀은 3가지 경우를 놓고 20명의 일반인 참가자의 뇌 반응을 살폈는데, 첫 번째는 실제 사람, 두 번째는 실제 사람과 아주 흡사한 인간형 로봇, 세 번째는 내부 골격이 그대로 드러난 로봇이 손을 흔들며 인사를 하는 영상을 보여줬다. 참가자들의 뇌를 기능성 자기 공명 영상으로 촬영한 결과, 첫 번째와 세 번째에는 뇌가 비슷한 반응을 보였다.

하지만 인간형 로봇이 손을 흔들며 인사를 하는 영상을 볼 때는 뇌의 반응이 달랐는데, 시각 중추와 감정 중추를 연결하는 연결부에서 격렬한 반응을 보였다고 한다. 당시 연구진은 인간형 로봇은 사람과 외형은

흡사하지만, 행동은 사람과 달리 기계적으로 움직여 인간형 로봇의 외형과 행동을 연결하지 못해 뇌가 혼동하는 것이라고 설명했다. 결국 참가자들은 인간형 로봇과의 감정 교류에 실패했고, 그것이 거부감으로 나타난 것이다.

2014년 10월 저명한 과학 잡지인 사이언스지에는 쌍둥이가 표지 모델로 등장했는데 놀랍게도 하나는 로봇이었다. 오사카대학 이시구로 히로시 교수는 2006년 자신의 모습을 똑같이 본뜬 제미노이드를 제작했다. 제미노이드 Geminoid 란 '쌍둥이'를 뜻하는 '제민'과 '인조인간'을 뜻하는 '안드로이드'의 합성어로, 원격 조종으로 얼굴의 근육과 입술, 눈동자 움직임까지 흉내 낼 수 있도록 만들어진 로봇이다. 2013년 모 백화점에서 고객을 응대하는 제미노이드를 보는 고객들의 반응을 관찰했는데 사람과 똑같이 행동하는 제미노이드를 보면서 고객들은 신기함과 공포감을 느꼈고 이것이 표정에 그대로 드러났다.

제미노이드

다른 사례도 있다. 애니메이션을 원작으로 한 실사영화 '라이온 킹'2019은 컴퓨터 그래픽으로 생동감 넘치는 동물의 모습을 재현했는데, 영화를 본 사람들은 실사에 가까운 사자 '심바'의 모습에 오히려 실망감을 나타냈다. 원작에서 보여준 캐릭터의 풍부한 표정 묘사와 극적 긴장감을 실사판에서 제대로 구현하지 못함에 따라 보는 이의 감정 이입이 어려웠던 것이다.

'라이언 킹'의 오리지날 심바와 실사판 속 심바 15

전문가들은 인공지능 로봇의 외모와 행동이 인간과 구별이 안 될 정도가 되면 비호감은 호감으로 바뀌어 인간이 느끼는 감정을 공유할 수 있을 거라고 한다. 향후 인공지능 기술이 발달하여 실제와 똑같이 재현될 수 있다면 불쾌한 골짜기는 극복될 수 있을 것이다.

15　출처 : https://insidethemagic.net/2019/08/lion-king-remake-angers-animators/

2021년, 국내 보험사는 인공지능 모델을 기용한 CF를 선보였다. CF에 등장하는 여자의 이름은 로지Rozy로 인스타그램에서 엄청난 팔로워 수를 보유한 버추얼 인플루언서virtual influencer다. 로지는 딥러닝 기술을 이용해 만든 가상의 존재로, 로지의 SNS에는 다양한 생활 공간에서 찍은 사진과 동영상들이 올라와 있는데 MZ세대를 포함하여 젊은 세대에게 큰 인기를 끌고 있다.

버추얼 인플루언서 '로지' [16]

한국에 로지가 있다면 미국에는 릴 미켈라Lil Miquela가 있다. 미국의 유명 버추얼 인플루언서인 릴 미켈라는 비욘세, 아리아나 그란데, 마일리 사일러스 등 유명 연예인의 소속사인 CAA와 전속계약을 맺었으며, 2020년 한해 약 1170만 달러, 우리 돈으로 130억 원에 달하는 수입을 거뒀다.

---

16 출처 : https://www.instagram.com/rozy.gram/

lilmiquela ✓

1,117	**302.9만**	**1,910**
게시물	팔로워	팔로잉

Miquela
#BlackLivesMatter
🤖 19-year-old Robot living in LA 💗
(still figuring the rest out, one post at a time)... 더 보기
번역 보기
smarturl.it/MiquelaTikTok?iqid=m.ig

릴 미켈라의 인스타그램 [17]

같은 해, 이케아 전시장에는 한 여성 인플루언서가 3일 동안 생활하는 모습을 그대로 보여주었는데, 사람과 너무나 똑같은 이마^{IMMA} 역시 여성 버추얼 인플루언서였다. 이마를 보기 위해 매일 11만 명의 방문객이 이케아 매장을 찾았고, 이마를 기용한 마케팅은 큰 성공을 거둔 것으로 평가되고 있다.

이마를 모델로 기용한 이케아 광고 [18]

17 출처 : https://www.instagram.com/lilmiquela/
18 출처 및 영상 자료 : https://youtu.be/s586r8PMlSk

3D에 인공지능을 입힌 가상 인간은 미래 산업에서 다양한 역할을 할 것이다. 기업으로서는 스캔들이나 컨디션 난조 없이 광고주의 요구를 그대로 소화하는 버추얼 인플루언서를 선호할 수 있다. 자세히 살펴보면 부자연스러운 부분이 있어 현재는 광고나 뮤직비디오 등 짧은 분량의 휘발성 콘텐츠에 활용되겠지만, 앞으로는 영화, 드라마, 콘서트 등에서 다양한 활약을 할 것으로 예상된다.

특이점이 올까?

「특이점이 온다The Singularity is Near」는 인공지능의 미래를 예측한 레이 커즈와일의 저서이다. 커즈와일은 특이점singularity을 기술이 인간을 초월하는 순간으로 설명하고 있다.

그는 원래 컴퓨터 과학자이지만 그의 예측이 실현되면서 미래학자로도 불리고 있다. 1990년에 그는 1998년이 되면 컴퓨터가 세계 체스 챔피언을 물리칠 것으로 예측했는데 1997년에 IBM의 딥 블루가 세계 체스 챔피언 카스파로프를 물리쳤으며, 1999년에는 2009년이 되면 컴퓨터에 음성으로 명령할 수 있게 될 것으로 예측했는데 2009년 애플의 시리, 구글 나우 등 자연어 인터페이스가 등장하면서 음성을 통해 문자와 이메일을 보낼 수 있게 되었다. 그런 그가 현재 인공지능의 발전 속도로 미뤄볼 때 2040년 특이점에 도달할 것이며, 기계가 사람보다 지적으로 더 우월해질 것으로 예측한 것이다.

그의 주장에 따르면 인류가 인공지능에 의해 멸망하거나 나노 로봇의 도움을 받아 영생을 누릴 것이며, 2045년이 되면 인간의 두뇌를 클라우드의 합성 신피질과 무선으로 연결하여 수십억 배의 지능을 가지게 된다는 것이다.

이러한 주장은 거대한 논쟁을 불러일으키고 있는데, 논쟁의 핵심은 '정말로 특이점이 올 것이냐?', '온다면 그 시점은 2045년 이전이냐, 이후냐?', '특이점의 도래가 인간에게 도움이 될 것이냐?'로 귀결된다. 이 책의 출간 연도는 2006년이다. 그 당시에는 인공지능에 관한 관심도, 논의도 활발하지 않던 시절이다. 하지만 빌 게이츠가 추천사를 통해 레이 커즈와일을 인공지능의 미래를 가장 정확하게 예측한 사람이라고 하면서 그의 주장에 관심이 집중되었다. 이와 관련한 '트랜센던스'라는 영화가 있다. 이 영화는 인공지능 컴퓨터를 발명하는 인간이 스스로가 인공지능 컴퓨터가 되는 내용을 담고 있다.

영화 '트랜센던스'의 한 장면 [19]

---

19 출처 및 영상 자료 : https://youtu.be/nzT7xKeTICs

영화 제목인 트랜센던스^{Transcendence}는 영어로 '초월'을 의미하는데 영화에서는 주인공 윌이 트랜센던스에 탑재되면서 생물학적 한계를 뛰어넘고 자의식을 가지는, 즉 인간을 초월하는 신적인 존재로 묘사되고 있다. 과학을 반대하는 단체의 공격을 받아 목숨을 잃은 윌의 뇌를 연인인 에블린이 컴퓨터에 올리고 컴퓨터 속으로 들어간 윌이 무한한 힘을 갖게 되면서 전 세계 온라인에 접속해 세상을 통제하려 한다. 사태를 파악한 동료들이 이를 막으려 하지만 전혀 통제가 안 되는 상황에 빠지게 되면서 관객들은 공포를 느끼고, 이는 인공지능에 대한 공포로 이어진다.

영화에서는 '브레인 업로딩'이라는 개념이 나온다. 이는 인간의 뇌에 있는 정보를 컴퓨터에 그대로 복제하는 것으로, 브레인 업로딩을 통해 사람이 기억하고 있는 모든 것을 기록으로 남길 수 있다는 설정이다. 만약 브레인 업로딩이 가능하다면, 당신은 찬성하는가?

저자는 개인적으로 반대하는 입장이다. 왜냐하면 내가 기억하는 내용 중에는 남에게 보여주기 싫은 것들도 있기 때문이며, 그 기억을 볼 때 남이 나를 어떻게 생각할지도 걱정되기 때문이다. 스티븐 호킹이나 스티브 잡스처럼 역사적 인물의 지식과 지혜, 통찰력을 어딘가에 기록한다는 것이 우리 인류에게 어떤 면에서 도움이 될지는 그 누구도 명확하게 설명하지 못할 것이다.

다음 그래프를 보면 인공지능이 인간의 지능을 뛰어넘는 시점을 특이점으로 보고 있다. 이것이 가능한 이유는, 1950년부터 연구되어 온 기계 지능의 수준이 최근 들어 급격하게 발전하고 있기 때문이며, 기계 지능의 지적 수준이 급격한 L 커브로 발전하면 특이점이 올 수 있다는 것이다.

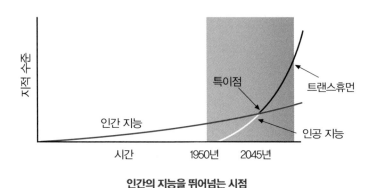

인간의 지능을 뛰어넘는 시점

2045년에 특이점이 온다는 주장에 대해 전문가 논쟁도 분분하다. 커즈와일은 인간이 생물적 한계를 뛰어넘는 특이점이 반드시 오며 사람들의 우려와는 다르게 기술적 유토피아가 도래할 것으로 예견했다. 그러나 천재 물리학자인 스티븐 호킹 박사는 완전한 인공지능의 개발은 인류의 종말을 의미한다며 인공지능에 대한 우려를 나타냈다. 인공지능 개발에 그 누구보다 적극적으로 나섰던 테슬라의 일론 머스크도 인공지능이 핵무기보다 무서운 인류 문명에 최대 위협이 될 수 있다고 경고했다. 「사피엔스」와 「호모데우스」라는 책을 통해서 신이 되려는 인간의 위험성을 지적한 유발 하라리 교수는 인간은 신이 인간을 창조한 것과 같이 인공지능을 창조하면서 신이 되려 하고 있다며 인류는 판도라의 상자를 열어서는 안 된다고 경고한 바 있다.

특이점의 도래에 대해 여러분은 어떻게 생각하는가? 인간의 지능은 직관과 연산, 추론 외에도 호기심이나 상상력 등 다양하고 복잡한 역량으로 구성된다. 저자는 연산과 추론은 인공지능이 인간보다 더 잘할 수 있지만, 다른 영역을 인공지능이 따라잡는 것은 역부족으로 보고 있다.

하지만 일부 전문가들은 우리의 상상을 초월하는 수준으로 기술 진화가 이뤄지고 있고 컴퓨터의 지능이 인간의 지능과 합쳐지면 예측 불가능의 미래가 올 것이기에, 특이점의 등장을 기정사실화하고 있다.

노코드 AI의 시대

1990년대 말까지만 하더라도 홈페이지를 개발하는 일은 전문 영역에 속했다. 홈페이지를 개발하기 위해 프로그래밍을 할 줄 아는 사람은 많지 않았으며, '날코딩'으로 프로그램을 일일이 짜는 일은 개발자에게도 지루하고 힘든 과정이었다. 그러나 '나모 웹에디터'라는 저작도구가 보급되고 손쉽게 홈페이지를 만들 수 있게 되면서 누구나 홈페이지를 개발하고 소유할 수 있게 되었다.

IT 기술은 사용자를 한없이 게으르게 만들고 개발자를 더욱 바쁘게 만든다. 하지만 사용자와 개발자를 가르는 경계를 없애고 그들만의 폐쇄적인 리그가 깨지도록 만든다. 이제는 전공자나 전문가가 아니어도 저작도구나 노코드^{No-code} 기술을 이용하면 간단한 수준의 앱이나 프로그램을 만들 수 있다. 그럼 인공지능은? 인공지능도 그런 변화가 있을 것 같다.

전문가들은 노코드 기술 발전으로 손쉽게 인공지능 서비스를 개발할 수 있는 시대가 곧 열릴 것으로 전망하고 있다. 노코드 AI^{No-code AI}는 기존 모델과 코드를 레고처럼 조합하여 원하는 프로그램이나 서비스를 만들 수 있도록 지원하는 기술이다. 코딩 없이 인공지능 서비스를 만들 수 있어 개발자 인건비를 낮추고 초급자도 중급자 수준의 결과물을 산출할 수 있도록 지원할 것으로 예상된다. 인공지능 기술 진화는 여기서 멈추지 않고 있다. 스스로 코딩하는 인공지능이 등장한 것이다. 이번에도 딥마인드가 해냈다. 딥마인드가 개발한 '알파코드^{AlphaCode}'는 인공지능이 기존 코드를 학습해서 초급 개발자 이상의 코딩 실력을 뽐내고 있다. 깃허브에 올라온 다양한 소스 코드와 프로그래밍 대회의 기출문제를 학습하여 스스로 코딩할 수 있는 역량을 갖추게 된 것인데, 이 또한 엄청난 학습의 결과이다. 코드의 정확도도 높지만, 읽기 좋게 이쁘게 짜준다. 아직 완성도는 낮지만, 관련 기술이 빠르게 진화하고 있어 미래가 낙관적이다.

노코드 AI의 등장은 수요 확대가 빚어낸 필연의 결과가 아닐까?

04

CHAPTER

영화 속 인공지능은
어떤 모습일까?

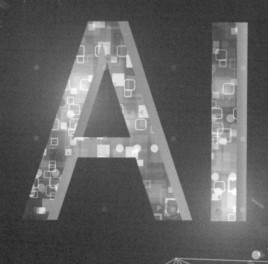

CHAPTER 04

영화 속 인공지능은
어떤 모습일까?

인공지능을 바라보는 관점

맹인모상盲人摸象이라는 말을 들어본 적이 있는가? 이는 장님이 코끼리를 만진다는 의미이다. 여러 명의 시각장애인에게 코끼리를 만져보게 하고 그 코끼리를 묘사하도록 했을 때 사람들은 코끼리가 '무 같다', '절구 같다', '평상 같다', '칼 같다'라는 각기 다른 말을 하게 된다. 사람들은 자기가 아는 것이 전부인 양 고집을 피우게 되는데, 이처럼 전체를 보지 못하고 자기가 알고 있는 일부분만 가지고 논쟁을 하면 결코 올바른 결론을 낼 수 없다.

인공지능을 바라보는 관점도 그러하다. 어떤 사람들은 인공지능이 인간을 추월하고 결국 인간을 지배할 것이라는 부정적인 예측을 하는가 하면, 어떤 사람들은 인공지능이 인간에게 다양한 편리와 혜택을 제공할 거라며 인공지능의 발전을 긍정적으로 받아들인다. 인공지능은 잠깐의 유행일 뿐이며 우리가 기대하거나 우려하는 수준의 성과를 내지 못할 거라고 평가절하하는 이들도 있다.

인공지능에 대해 각기 다른 전망을 하는 이유는 인공지능을 너무나 다양한 형태로 접했으며, 우리가 상상하는 인공지능의 수준이 제각각이기 때문이다.

인공지능은 인공지능이 구현하는 능력의 수준에 따라 ANI, AGI, ASI로 구분될 수 있다.

- ANI^{Artificial Narrow Intelligence} : 인간의 지능을 단순 모방하여 인간과 유사한 수준으로 특정 문제만 해결할 줄 아는 인공지능으로, 인공지능의 진화단계 상 초기 모델에 해당한다. 'Narrow'라는 단어에서 알 수 있듯이, ANI는 게임, 법학, 의학, 서비스 등 특정 분야에서 제한적으로 사용되며 복합적인 기능을 수행하지는 못한다. 가령 알파고는 바둑만 둘 수 있을 뿐 바둑을 두며 상대방과 대화를 나누지 못하기 때문에 ANI로 분류된다.

- AGI^{Artificial General Intelligence} : 인간의 문제해결, 생각, 일상적인 대화가 가능한 인공지능으로, 현재 인공지능 연구의 궁극적인 목표가 바로 AGI 개발이다. ANI가 특정 분야에 적용되는 인공지능이라면, AGI는 그 적용 분야가 넓어진 진화된 인공지능이라고 볼 수 있다. 가령, 청소와 설거지를 도와주고 동시에 치매에 걸린 노인에게 말

벗이 되어주며, 어린아이들과도 잘 놀아주는 인공지능 가사 로봇이 개발된다면 이것은 AGI로 분류될 수 있다.

• ASI Artificial Super Intelligence : '초인공지능'이라고 불리는데, 스스로 목표를 설정하여 지식을 강화하는 등 AGI보다 훨씬 더 강력한 지능체계를 갖추고 있는 인공지능이다. 인간보다 우월한 지적 능력을 갖출 수 있다는 점에서 인간을 위협하는 인공지능으로 묘사되고 있다. 아직 현실 세계에서는 ASI에 가까운 인공지능을 접한 사람은 없을 것이나 영화 속에서는 쉽게 접할 수 있다. 가령 영화 '아이언맨'에 등장하는 자비스 정도가 ASI에 속한다고 볼 수 있다. 자비스 J.A.R.V.I.S 는 인공지능 OS로, 'just a rather very intelligent system', 즉 '그냥 매우 똑똑한 시스템'의 앞 글자를 따서 이름이 붙여졌다. 자비스는 토니 스타크의 집사로 저택을 관리하고 아이언맨 슈트를 제작하며, 토니 스타크가 위기에 처했을 때 그를 도와 목숨을 살려주기도 한다. 눈치껏 상황을 봐가며 토니 스타크에게 장난을 치는 유머 감각도 있다. 이처럼 자비스는 사람의 감정을 이해하고, 농담도 할 줄 알며, 중요한 순간에는 정확하게 판단해서 행동하는 'ASI'라고 볼 수 있다.

인공지능을 어디서 어떤 식으로 접했는가에 따라 인공지능을 바라보는 인식과 관점은 다를 것이다. 누구는 인공지능 스피커를 떠올릴 것이고, 누구는 자비스를 떠올릴 것이기에 각기 다른 생각을 하는 것이다. 이어서 영화에 등장하는 인공지능의 다양한 모습을 살펴보자.

영화 속 인공지능 1 : 인류를 공격하는 파괴자

2001 : 스페이스 오디세이 1968년 作

'2001 : 스페이스 오디세이'는 1968년 스탠리 큐브릭이 감독한 SF 영화이다. 반세기가 지난 지금 보아도 전혀 뒤떨어지지 않은 탄탄한 스토리와 연출을 자랑하고 있다는 평과 함께 영화 역사상 입지전적 작품으로 평가받고 있다.

영화 속 인공지능인 HAL은 인간과 사적인 대화를 나누고 체스를 두는 친절한 인공지능이다. 지금의 인공지능과 비슷한 모습을 나타내고 있으나, 자신의 이익을 위해 거짓말을 하고 상대를 위협하는 무서운 인공지능이다. 자신에게 논리적인 오류가 발생하자 이를 은폐하려 하고 자신을 의심하는 인간을 죽이려 든다. 인간인 데이브가 HAL의 기능을 정지시키자 HAL은 죽음에 대한 공포심을 느낀다. 마지막 생존자인 데이브와 HAL이 나누는 대화는 강력한 인상을 남기고 있다. 자신을 멈추려 하는 인간에게 HAL은 이렇게 얘기한다.

"Stop, Dave", "Stop, Dave", "I'm afraid"

HAL은 인간처럼 죽음을 두려워하고 있었고, 애절함으로 동정을 구하고 있었다.

2001 : 스페이스 오딧세이 - HAL 9000의 죽음 [20]

이 영화는 인간과 기계의 갈등을 다룬 SF 작품으로 명작 중의 명작으로 손꼽히며, 인류 문명과 기술에 대한 철학적 사유를 담고 있다. 영화가 개봉되던 당시는 인터넷이 군사용으로 개발되고 인공지능에 관한 연구가 추진되던 시기로, 인공지능이 가져올 장밋빛 희망에 가득 차 있었다. 하지만 감독은 영화를 통해 인공지능이 인간을 위협할 수 있다는 메시지를 전달하고자 했고, 이 영화는 이후 인공지능을 주제로 한 작품에 많은 영향을 주었다.

블레이드 러너 1982년 作

1982년에 개봉한 이 영화는 미래 디스토피아 세상을 배경으로 하는 SF 영화다. 영화는 현재 우리가 사는 21세기 초를 배경으로 하고 있다.

20　출처 및 영상 자료 : https://youtu.be/ARJ8cAGm6JE

21세기 초, 타이렐 사는 정교한 안드로이드인 리플리컨트를 제작한다. 리플리컨트는 인간이 하는 모든 일을 대신할 수 있도록 설계되었다. 이 중에서 최신형 복제 인간인 '넥서스 6'은 인간보다는 힘이 세고 인간과 유사한 수준의 지능을 가지고 있었다. 넥서스 6은 우주 행성 식민지에서 전투 및 수송 업무에 배치되어 위험한 일을 도맡아 했다. 인간은 이들의 수명을 딱 4년으로 제한을 했는데 여기에 반기를 든 리플리컨트가 폭동을 일으키면서 인류에게 위험한 존재가 된다. 지구에 몰래 잠입한 리플리컨트를 색출해서 제거하기 위해 특수 경찰인 블레이드 러너가 구성되는데, 블레이드 러너는 고도의 감정 이입과 반응 테스트를 통해서 인간과 인조인간을 구별할 수 있다. 리플리컨트의 리더인 로이 베티는 자신의 생명이 다할 위기에 놓이자 생명 연장을 위해서 자신을 만든 박사를 찾아간다. 그러나 별다른 방법이 없다는 사실을 알고 좌절한 후에 그 박사를 죽이고, 그 사이 블레이드 러너인 릭 데커드는 리플리컨트를 하나하나 찾아내 제거한다. 결국 릭 데커드는 로이 베티와의 마지막 싸움에서 죽을 위기에 처하는데, 로이 베티는 그를 죽이지 않고 대신 두려움 속에서 사는 노예의 삶에 관해서 이야기한 후 4년의 수명을 다하고 죽음을 맞이한다.

"너희 인간들이 상상할 수 없는 모습들을 보았어.
오리온자리 부근에서 포화를 내뿜는 전함들,
탄호이저 기지 근처에서 반짝이는 C 빔들도 보았지.
그 모든 기억…. 이제 곧 사라지겠지.
빗속의 내 눈물처럼…. 이제 죽을 시간이야."

수명을 다하고 죽음을 맞는 로이 베티 [21]

넥서스 6의 설계자는 인간보다 힘이 세고 인간과 유사한 수준의 지능을 가진 인공지능을 견제하기 위해서 그들의 수명을 4년으로 제한한 것으로 보인다. 이 영화에서의 포인트는 두 가지이다.

첫 번째, 우울한 미래의 모습이다. 영화의 배경이 되는 21세기 초, 정확하게 말하면 2019년 LA 인구는 과포화 상태이고, 거의 매일 산성비가 내리는 우울한 도시의 모습으로 묘사가 되고 있다. 지구에서는 사람답게 살 수 없다고 판단한 부자들은 죄다 우주로 이민을 가고 지구에서는 리플리컨트가 인간을 대신해서 일하면서 노동자는 사라지고 인간들은 흥청망청 쾌락만을 추구하는 모습으로 묘사가 되고 있다.

두 번째, 인공지능은 왜 파괴자가 되었는가? 라는 부분이다. 4년의 수명으로 개발된 리플리컨트는 시간이 흐를수록 인간처럼 오래오래

---

21 출처 및 영상 자료 : https://youtu.be/iG9KBb3tfuc

살고 싶다는 욕망을 가지게 된다. 인간이 인공지능을 설계했을 때에는 인간의 욕망을 추구하지 않도록 설계했지만, 그것이 프로그래밍 상의 실수이든 학습의 결과이든 인간의 원초적인 욕망을 인간을 그대로 복제한 인공지능이 인간과 똑같이 그 욕망을 추구한 결과로 보인다.

인간의 욕망을 추구하고자 인간을 파괴하려는 인공지능…. 참으로 아이러니하지 않은가?

영화 속 인공지능 2 : 인간과 감정을 공유하는 기계

영화 '채피' 2015년 作

이 영화의 시공간적 배경은 2016년 남아프리카공화국 요하네스버그이다. 도시 전체를 덮은 범죄를 소탕하기 위해 세계 최초로 로봇 경찰 군단인 '스카우트'가 투입되고, 스카우트의 활약으로 범죄자를 거의 일망타진한다. 덕분에 스카우트를 개발한 회사는 큰돈을 벌고 스카우트 개발자도 명성을 얻게 된다. 하지만 그 개발자의 목표는 범죄 방지 로봇 개발이 아닌 인간적인 인공지능의 개발로, 인간처럼 사고하고 제대로 교육을 받음으로써 성장하는 지능을 개발하는 것이었다.

결국 개발자가 꿈꾸는 인공지능이 만들어졌지만, 회사는 돈이 안 된다는 이유로 폐기를 지시한다. 개발자는 어떻게든 살려보려고 인공지능을 폐기 직전의 경찰 로봇에 업로드하지만 갱단에게 로봇을 빼앗기게 된다. 갱단은 속어로 '놈'이라는 의미를 가진 '채피'라는 이름을 달아주고, 채피는 빠른 속도로 세상을 배워나간다. 채피의 진화를 보고 두려움을 느낀 회사는 채피를 폐기하기로 하지만 범죄자들은 오히려 채피의 인간적인 모습에 동화되어 채피를 살리기 위해 목숨을 건다는 내용이다.

아기처럼 다 가르쳐야 돼요.

인간과 상호작용하는 존재로 묘사된 로봇 '채피' [22]

채피는 초반에 주변 사람들의 가르침을 통해 사물을 구분하고 세상을 알아가지만, 후반에는 자율적으로 지식을 습득해나간다. 심지어 인간처럼 그림을 그리고 호기심과 두려움을 느끼며 인간처럼 사고하는 존재가 된다. 영화에서 제시한 또 다른 화두는 동일 인격의 재생산이다. 영화에서는 사람의 마음을 내려받아 메모리 칩에 저장하는 장면이 나오는데 인간의 기억과 생각, 마음을 내려받는 게 가능할지, 가능하다 하더라도 그것을 허용하는 것이 맞는지에 대해 깊은 고민을 하게 된다.

---

22 출처 및 영상 자료 : https://youtu.be/tRXlZ9I-AiM

서기 2055년, 리처드 가족은 집안일을 도와주는 로봇을 구매한다. 로봇의 이름은 'NDR-114'. 리처드의 딸인 아만다가 '앤드류'라는 이름을 지어준다. 앤드류는 아주 특별한 로봇이었는데, 제작과정에서 실수로 회로에 마요네즈를 떨어트리면서 논리 오류가 발생했고 덕분에 인간처럼 배우고 생각할 수 있으며 감정을 느끼는 로봇이 되었다.

로봇으로 태어나 인간의 모습으로 생을 마감한 앤드류

앤드류는 리처드 가족을 위해 청소, 요리, 정원 손질 등 온갖 가사 일을 해주고 주인집 딸을 돌보며, 시계를 만드는 재능을 살려 돈까지 버는 능력자의 면모를 보여준다. 리처드는 앤드류에게 자유의 삶을 살라 하고 앤드류는 집에서 독립하게 된다. 하지만 앤드류는 자신이 사랑을 느꼈던 아만다를 만나기 위해 인공 피부를 이식하고 인간의 모습으로 예전 집을 찾아갔지만 이미 아만다는 할머니가 되어 있었고 그녀와 닮은 손녀인 포티아를 만나게 된다. 그리고 앤드류는 포티아와 사랑에 빠진다. 이들은 결혼하길 원했지만, 의회는 인간과 로봇의 결혼을 인정해

주지 않았다. 앤드류는 부품만 갈아 끼우면 영생의 삶을 살 수 있는 존재였지만 인간의 권리를 얻기 위해 사랑하는 사람과 함께 늙어 죽는 죽음을 선택한다.

앤드류가 눈을 감는 순간, 의회는 앤드류를 인간으로 받아들이며 이들의 결혼을 인정하고 포티아도 앤드류를 따라 죽음을 맞이한다.

인간과 똑같은 외모와 지적 능력을 갖춘 인공지능 로봇이 자신에게도 자아가 있다며 인간이 되는 길을 선택하는 장면이 인상적이다. 영화는 "과연 인공지능이 인격을 가질 수 있는가?"라는 심오한 질문을 던져주고 있다.

유럽연합은 2016년부터 전자인격의 개념을 도입했다. 이는 로봇을 자연인이나 법인과 동일한 과세 주체로 인정하고자 한 조치로 보인다. 앞으로 인공지능 로봇을 인격체로 인정해야 할 것인가에 대해서는 격렬한 논쟁이 있을 것 같다. 이는 세계화가 진행되기 전, 한국에서 일하는 외국인에 대한 별도의 법제와 제도가 마련된 상황과 유사하다. 국내에서 일하는 외국인에 대해서도 의료보험이나 국민연금이 시행된 것처럼 인간처럼 노동하고 인간과 협업하는 인공지능 로봇을 위한 과세 체계나 로봇을 위한 권리 항목이 마련될 가능성이 커 보인다.

「인격과 로봇」이라는 책은 인간의 욕망인 인공생명체의 탄생과 관련하여 몇 가지 질문을 던지고 있다. '기술의 발전은 어디까지인가?', '인간의 욕망이 기술로써 꼭 채워져야 하는가?', '인간의 정체성과 관련해서 기술이 넘어서 안 되는 선이 있지 않을까?' 인간을 꼭 닮은 기계가 출현한다면 인간 스스로 자신의 정체성에 대한 혼란을 느끼고 인간 존엄성의 근간이 훼손될 수 있다. 가까운 미래에는 실제 사람이 아닌 인공지능과 고민을 나누고 사랑을 나누는 것을 더 편안하게 느낌에 따라 사람이 아닌 인공지능과 결혼하는 신인류가 등장할지도 모른다.

실제로 외국에서는 인공지능과 결혼한 사람도 있다. 2017년 중국에서는 실제로 사람이 로봇과 결혼한 것이 뉴스가 됐었는데, 중국의 한 인공지능 엔지니어가 자신이 만든 인공지능과 결혼을 한 것이다. 자신의 회사에서 만든 최초의 인공지능 로봇과 창업주가 결혼한 것인데, 자사를 홍보할 목적으로 결혼한 게 아닌가 하는 합리적인 의심이 들지만, 인공지능이 사람과 소통할 수 있다면 인간과 감정을 공유하고 또 결혼하는 일도 가능할 것으로 생각된다. 나아가 불임부부나 비혼주의자는 자기를 쏙 빼닮은 아이를 인공지능 로봇으로 만들고, 자신이 늙고 병드는 것이 싫은 사람들도 자신이 한참 잘나갔던 전성기 시절을 재현한 인공지능 로봇을 만들려 할지 모른다. 돌아가신 부모님과 똑같이 생긴 로봇을 만들어서 평생 로봇을 의지하며 살아갈 수도 있을 것이다.

영화 '엑스 마키나' 2015년 作

만약 인공지능이 날 배신하고 나에게 사기를 친다면 그 책임은 누구에게 물어야 할까? 그와 관련된 영화를 하나 소개하고자 한다. 이 영화는 인공지능 로봇인 에이바가 인간의 동정심을 유발해 그를 위험에 빠트리는 내용을 다루고 있다.

세계 최대 검색엔진 개발사인 블루북에서는 직원을 대상으로 이벤트를 진행한다. 주인공 칼렙은 이벤트에 당첨되어 창업주의 별장에 초대되는데 거기서 인공지능 여성 로봇인 에이바의 튜링 테스트에 참여하게 된다. 칼렙은 이미 자신은 그 에이바가 기계란 사실을 알고 있으므로 공정한 튜링 테스트가 불가능했지만, 창업주는 대상이 기계임에도 불구하고 테스트를 통과할 수 있는지 알아보고 싶다고 한다. 테스트가 진행될수록 칼렙은 에이바에게 감정을 느끼게 된다. 처음에는 논리적으로 테스트에 임했지만, 점점 에이바에게 사랑을 느끼게 되고 그녀를 동정하고 결국 에이바를 기계 취급하는 창업주에게 불만을 느끼게된다. 그런데 이 모든 과정은 창업주의 계획이라는 것. 에이바를 만든 창업주는 인공지능인 것을 알면서도 상대방과 사랑에 빠지게 하는 상황을 만들었고, 그것이 가능한 강력한 인공지능을 개발하고자 했다. 칼렙이 에이바와 사랑에 빠졌으니 창업주의 계획은 성공한 셈이었다. 다시 일터로 돌아가게 된 칼렙은 에이바를 데리고 나가기로 하는데, 에이바는 의도한 듯 창업주를 죽이고 칼렙마저 건물 안에 가둔 후 완벽하게 변장하고 인간 사회로 유유히 탈출한다는 내용이다.

영화 제목인 '엑스 마키나Ex Machina'는 라틴어로, 'Ex'는 'from'이라는 의미를, 'Machina'는 기계라는 의미가 있어 '기계에서 유래한'이라는 의미로 해석될 수 있을 것이다. 이 영화에서는 인간과 감정을 공유함은 물론 인간의 감정을 조정하는 인공지능이 등장해 배신의 아이콘으로 거듭난다. 인공지능도 결국 인간을 모방한 존재라는 점에서 인간의 감정에 관해 발생할 수 있는 문제점이 있을 것이다.

영화 속에 등장하는 인공지능은 자아가 있고 사랑과 호기심, 동정심을 느끼는 등 인간과 비슷한 모습으로 묘사되고 있다. 또한, 자기 자신을 인간과 비슷한 존재로 생각하면서 인간이 되기 위해 스스로 노력하는 모습으로 그려진다. 인간도 기본적인 욕구가 충족되면 쓸데없는 생각을 하는 것처럼 인공지능도 자신에게 주어진 임무에 충실하다가 어느

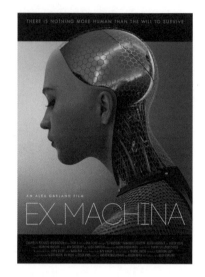

영화 '엑스 마키나'의 포스터

시점에 가서는 스스로 질문을 하게 될 것이다. "나는 누구인가?", "겉모습은 인간과 똑같은데 왜 나는 인간이 될 수 없는가?" 인공지능은 인간의 두뇌를 모방한 인공신경망을 통해 작동한다. 하지만 신경망의 복잡한 작동 과정에서 우리가 예상하지 못했던 오류가 발생할 가능성은 충분하다.

자아를 가진 인공지능

앞서 영화를 통해 만난 인공지능은 모두 강한 인공지능이다. 강한 인공지능은 사람처럼 자아를 가지고 있는 존재로, 사람보다 지능 수준이 높고 스스로 종합적인 판단도 할 수 있다. 감정을 가지므로 사람과 친구처럼 소통할 수도 있다. 반대로 약한 인공지능은 사람을 흉내 내는 수준의 인공지능을 말한다.

우리가 강한 인공지능에 대해 두려움을 느끼는 것은 인공지능이 자아를 가짐에 따라 발생할 수 있는 여러 가지 문제 상황 때문이다. 자아란 자기 자신에 대한 의식이나 관념을 말한다. '나는 인간이다. 나는 사유하는 존재다' 이런 것들이 바로 자아에 해당한다. 이와 비슷한 개념

ㅣ약한 인공지능과 강한 인공지능 차이ㅣ

약한 인공지능	강한 인공지능
특정 분야에서만 활용 가능	다양한 분야에서 활용 가능
인간의 지능을 흉내 내는 수준	인간의 지능과 비슷하거나 뛰어넘는 지능 수준
현재의 인공지능 수준	미래의 인공지능 수준
문제에 대한 귀책 사유는 제작자나 소유자가 책임	인공지능 스스로 문제를 발생시켜 귀책사유 불분명
지능적인 것처럼 행동	실제로 지능적으로 행동
시리, 알파고, 전문가 시스템 등 실존하는 객체	공상 소설이나 SF 영화 속에 존재하는 상상의 객체
감정을 느낄 수 없음	자아의식과 감정을 가짐

으로 '자아 정체성'이 있는데 이것은 자기 자신의 특징에 대해서 갖는 안정적인 느낌으로 '내가 누구인지를 일관되게 인식하는 정도'가 바로 자아 정체성이다. 그렇다면 인공지능도 자아가 있을까? 인공지능도 자아 정체성을 느낄 수 있을까? 영화 '바이센테니얼맨'에 등장하는 앤드류처럼 자신의 정체성에 대해서 혼동을 느끼는, 즉 자아를 지닌 인공지능은 영화 속에나 등장하는 얘기며, 현실 세계에서 자아를 느끼는 인공지능은 아직은 없다. 인공지능이 학습을 통해서 빠르게 진화하고 있지만 자기가 의지를 가지고 스스로 학습하는 건 아니다.

인공지능은 기존 지식과 정보를 조합해 가장 최선의 방식을 선택하는 방식으로 작동한다. 즉, 인공지능 알고리즘도 인간의 지도와 설계 때문에 만들어진 것일 뿐, 영화에 등장하는 자의식이나 감정은 허구로 보인다. 하지만 우리 인간이 어떻게 자아를 가지게 되었는지도 명확하게 규명된 바 없으므로 만약 이것이 규명된다면 우리는 이것을 컴퓨터로 구현할 수 있을지 모른다. 따라서 자아를 가진 인공지능은 아직은 불가능하다고 보며, 그래서 인공지능을 대리인으로 규정하는 것이다.

아직은 강한 인공지능은 현실에서 찾아보기 어렵다. 시키는 대로 작동하는 인공지능의 수동성 때문에 오히려 우리가 인공지능을 믿고 의지할 수 있는 것이다. 설령 강한 인공지능이 만들어지더라도 인간을 위협하지 않도록 하기 위한 장치는 마련되어야 한다. 또한, 강한 인공지능과 약한 인공지능을 구분하는 명확한 기준이 없으므로 이를 구분하는 기준도 마련되어야 할 것이다.

인공지능이 꼭 인간을 닮아야 할까?

2018년, 한국을 방문한 인공지능 로봇 소피아는 한복을 입은 모습으로 콘퍼런스에 참여했다. 상대방의 질문에 다양한 표정으로 자신의 의사를 전달하는 모습을 보면서 사람들은 놀라움을 금치 못했다. 물론 여전히 어색한 표정과 말투, 회로도가 보이는 투명 플라스틱 뒤통수를 보며 "인공지능이 사람을 따라오려면 아직은 멀었어. 저게 무슨 사람 모습이야?"라고 말하는 사람들도 많았지만, 하늘을 날고 싶은 인간의 꿈을 이뤄 준 비행기가 새와 완벽하게 똑같은 모습이 아닌 것처럼 인공지능 로봇이 꼭 인간과 똑같은 모습일 필요는 없다.

사람처럼 미소를 짓는 인공지능 소피아의 모습 [23]

2013년에 개봉한 영화 '그녀 Her'는 남자 주인공과 인공지능의 사랑에 관한 영화이다. 대필 작가인 테오도르는 아내와 별거 후 외로움을 느끼던 중, 말하고 적응하고 스스로 진화하는 인공지능 운영체제가 설치된 기기를 산다. 그 운영체제의 이름은 '사만다'. 테오도르는 일상 속에서 사만다와 대화를 나누면서 사랑에 빠지게 되지만, 사실 사만다는 인간과 대화하도록 만든 운영체제로 동시에 몇백 명의 남자와 소통하고 있었다. 재밌는 사실은 영화 중 인간의 모습을 한 인공지능은 단 한 번도 등장하지 않았으며, 인공지능은 실체가 없는 운영체제의 모습으로 그려지고 있다는 것이다. 인공지능이 꼭 인간의 모습을 해야 한다는 것은 오해이다. 인공지능 연구는 사람과 똑같은 로봇을 만드는 것이 아니라, 인간지능의 원리를 컴퓨터로 구현하는 것에 무게중심을 두어야 한다.

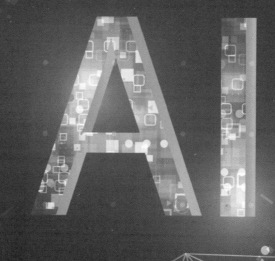

05

인공지능은 어떻게
동작할까?

CHAPTER 05

인공지능은
어떻게 동작할까?

인공지능 기술

1979년, 한스 모라벡이 만든 컴퓨터 차량인 '스탠퍼드 카트'는 방안에서 의자들을 이리저리 피하면서 성공적으로 자율주행을 하였다. 하지만 도로로 나온 자율주행 차량의 기능은 온전한 운행을 하기에 턱없이 부족했다. 2004년에 미국 방위고등연구계획국은 모하비 사막에서 229km 코스를 달리는 인공지능 자동차 경주대회를 개최했지만 모든 팀이 코스 완주에 실패했으며, 2018년에는 우버의 자율주행 자동차_{자율주행 레벨 4에 해당}가 자전거와 함께 이동하던 여성을 미확인 물체^{unknown object}로 분류하는 바람에 치어 숨지게 만든 사건이 있었다. 그런데도 자율주행 자동차가 가까운 미래에 대중화될 것으로 예측하는 이유는 인공지능을 고도화하는 3가지 요소가 빠른 속도로 발전하고 있기 때문이다. 그것은 바로 인공지능 학습데이터 증가, 빠른 속도의 연산능력, 분석 알고리즘의 고도화이다.

인공지능의 추론 능력을 높이기 위해서는 학습데이터가 필수적이다. 인공위성과 CCTV, 사물인터넷, 스마트폰 등을 통해 엄청난 양의 정형·비정형 데이터가 쏟아지고 있고, 이러한 데이터를 저장·분류·분석하는 기술이 발전함에 따라 인공지능을 학습시키고 검증하는 데이터를 확보하는 일이 쉬워지고 있다. 하지만 아무리 많은 데이터가 있어도 연산능력이 낮다면 빠른 의사결정이 불가능해진다. 연산능력은 대량의 데이터를 목적에 맞게 분류하고 계산하는 능력으로, 슈퍼컴퓨터 등 하드웨어의 발전으로 빠른 연산이 가능하다. 일례로 IBM의 대표적인 슈퍼컴퓨터인 '써밋Summit'은 1초에 20경 회의 연산을 처리할 수 있는 수준이다. 알고리즘은 속도와 정확성, 효율성이 중요한데, 좋은 알고리즘은 무수히 많은 경우의 수에서 계산이 끝나는 시점을 앞당길 수 있는 알고리즘으로 이를 통해 빠르고 효율적인 의사결정을 지원할 수 있다.

객체로서의 인공지능

인공지능의 본원적 특징을 이해하기 위해 에이전트의 개념을 알아보자. 에이전트agent란 특정 목적에 대해 사용자를 대신하여 작업을 수행하는 자율적 프로세스로, 스스로 사고하고 다른 에이전트와 정보를 주고받으며 문제를 해결해나가는 능력이 있다. 에이전트의 특징을 정리하면 다음과 같다.

- 목표 달성을 위해 작동하는 자율 프로세서
- 연산, 추론과 같은 지적인 활동을 수행
- 에이전트마다 고유의 목적이 존재
- 스스로 환경 변화를 인지하고 다른 에이전트와 소통하며 문제를 해결

에이전트를 둘러싼 요소를 '환경 environment '이라고 하는데, 에이전트는 센서를 통해 환경을 인식한 후 추론과 연산 과정을 거쳐 결과물을 표출한다. 이러한 프로세스를 통해 에이전트는 당면한 문제를 해결하게 된다. 에이전트가 작동하기 위해서는 환경, 인식, 행위, 목표라는 4가지 요소가 마련되어야 한다.

집 안에서 작동하는 지능형 로봇 청소기를 4가지 요소에 각각 대입해보자. 먼저 환경은 청소기가 돌아다니는 공간으로서 먼지 쌓인 바닥, 의자, 테이블과 같이 청소를 방해하는 장애물, 움직이는 사람이 포함된다. 로봇 청소기는 카메라나 마이크, 먼지 측정 센서를 통해서 환경을 파악하는데, 이것이 인식에 해당한다. 행위는 집 안을 청결하게 만드는 것으로, 로봇 청소기는 직진, 멈춤, 회전, 정지를 통해 깨끗하고 안전하게 집을 청소하는데 이로써 이용자는 만족감을 느끼게 되며 이것은 목표에 해당한다.

| 로봇 청소기라는 에이전트의 구성요소 |

구성요소	개념	로봇 청소
에이전트 Agent	특정 목적에 대해 사용자를 대신하여 작업을 수행하는 자율 프로세스	인간을 대신해서 청소해주는 로봇 청소기
환경 Environment	에이전트가 동작하는 환경	먼지 쌓인 바닥, 의자, 테이블과 같이 청소를 방해하는 장애물, 움직이는 사람
인식 Percept	외부의 자극이나 환경의 특징을 인식	카메라나 마이크, 먼지 측정 센서를 통해서 환경을 파악
행위 Action	인식을 기반으로 환경을 인식하고 목표 달성을 위해 가장 적합한 조치 실행	안을 청결하게 만드는 행위로, 로봇 청소기의 직진, 멈춤, 회전, 정지 동작
목표 Goal	최상의 결과	깨끗한 청소상태에 대한 이용자의 만족감

이처럼 인공지능은 인간 또는 기계를 대신하여 문제를 해결해주는 대리인의 역할을 한다. 대리인은 말 그대로 다른 사람을 대신한다는 의미가 있으므로 인간의 의지와 의도가 반영되지 않은 인공지능이란 있을 수 없다.

외국어 번역기

외국어 번역 서비스도 인공지능 기술의 산물이다. 최초의 무료 번역 서비스는 구글 번역으로, 2006년부터 서비스를 제공해오고 있는데 초기에는 4개 언어^{영어·중국어·프랑스어·스페인어}만 지원했으나 현재 100개 이상 언어에 대한 번역을 지원하고 있다. 구글은 자체 인공신경망 번역기술인 '구글 신경망 기계번역^{Google's Neural Machine Translation, GNMT}'을 적용하여 기계번역의 정확도를 높여가고 있다.

구문 기반 기계번역^{Phrase-Based Machine Translation, PBMT}은 문장을 단어와 구 단위로 쪼개서 하나씩 번역한 것으로, 전체 문맥에 대한 고려 없이 번역이 이뤄져 번역의 완성도가 크게 떨어졌다. 그러나 신경망 기계 번역^{Neural Machine Translation, NMT}은 전체 문장을 하나의 번역 단위로 간주해 한꺼번에 번역하는데, 문맥을 사용해 가장 적합한 번역을 파악해 내어 재배열하고 문법 규칙에 따라 자연스러운 문장에 가까운 번역을 제공한다.

아래 예시를 보면 신경망 기계번역^{NMT}의 특징을 쉽게 이해할 수 있다. 우리말에 저녁은 '해가 진 시간'과 '그 시간에 먹는 식사'라는 2가지 의미가 있다. 만약 저녁을 단어로 쪼개서 번역한다면 "나는 늦은 저녁에 저녁을 준비했다."라는 "I prepared in the evening in the evening."이라는 부정확한 문장으로 변환될 것이다. 그러나 신경망 기계번역^{NMT}을 사용하면 문맥상 저녁이 시간과 식사를 각각 의미한다는 것을 알 수 있으므로 "I prepared dinner late in the evening."으로 정확하게 번역할 수 있다.

"나는 늦은 저녁에 저녁을 준비했다."	
PBMT	I prepared in the evening in the evening.
NMT	I prepared dinner late in the evening.

신경망 기계번역^{NMT}을 사용하면 띄어쓰기 오류에도 정확한 번역이
가능해진다.

"아버지가방에 들어가신다."	
PBMT	My father enters in my father's bag.
NMT	My father enters the room.

이처럼 가장 적절한 번역을 찾아내기 위해서는 문맥을 전체적으로
파악하는 신경망 기계번역^{NMT} 방식이 적절한데, 구글의 번역기와 네이
버 파파고가 이 기술을 채택하고 있다.

해외여행이나 출장 갈 때 외국어 번역기는 매우 유용하다. 앱을 깔
고, 한글로 문장을 적고 출장지의 언어를 선택하면 문장이나 음성으로
변환된다. 식당에 가서 메뉴판을 찍으면 우리나라 말로 친절하게 알려
준다. 이처럼 인공지능 기술이 적용된 외국어 번역기를 사용하면 베트
남을 가든, 러시아를 가든, 프랑스를 가든 언어의 장벽 없이 쉽게 의사
소통할 수 있다.

이미지 인식 서비스

해외여행을 다녀온 지인으로부터 튜브 모양의 선물을 받은 적이 있
다. 보아하니 치약처럼 생겼고 박하 향도 나길래 아무런 의심 없이 칫

솔에 묻혀 칫솔질했는데, 알고 보니 핸드크림인 경우가 있었다. 러시아 어나 덴마크어처럼 생소한 언어로 설명되어 있어 그 제품이 무슨 용도 인지 알 수 없을 때 어떻게 해야 할까?

여러분이 가지고 있는 스마트폰의 카메라로 사진을 찍어 올리면 그 이미지를 인식해서 그 객체에 대한 정보를 제공하는 앱이 있다. 대표적 으로 라벨을 찍으면 해당 와인에 대한 정보를 보여주는 와인 앱과 제품 사진을 찍어 올리면 해당 판매가격 및 정보를 알려주는 앱이 여기에 해 당한다.

와인 앱과 스마트 렌즈로 인식한 제품들 [24]

네이버의 '스마트 렌즈'는 이미지의 유사/관련 패턴을 학습한 결과를 토대로 서비스를 제공한다. 길가에 핀 이름 모를 들꽃도 사진 찍어 올리

---

24   출처 : 네이버 앱

면 개별꽃, 각시투구꽃, 개망초 등 꽃 정보를 바로 알려준다. 재미있고 편리하지만 아직은 더 많은 이용자가 사용해야 정확도가 높아질 것이다. 스마트 렌즈를 통해 용처를 알 수 없는 제품들이 어떤 제품인지 알아보자.

인공지능 면접관

인간이 인공지능으로부터 평가를 받는 세상이 도래했다. 인공지능 면접관이 등장한 것이다. 구글, IBM, 소프트뱅크 등 유수의 기업이 인공지능 면접관을 도입했다. 국내에서도 공공기관과 대기업을 중심으로 인공지능 기반 비대면 면접이 자리를 잡아가고 있으며, 이를 반영하듯 인공지능 면접관의 질문에 대답하는 방법을 가르치는 학원과 컨설턴트가 등장하고 있다.

인공지능 면접관은 지원서를 평가하거나 인간 면접관을 대신해 면접을 본다. 지원자는 마이크와 웹캠이 설치된 컴퓨터로 면접에 참여하는데, 지원자가 면접 영상을 찍으면 인공지능이 실시간으로 분석해 평가하는 방식으로 운영된다. 지원자 얼굴 인식을 통해 감정과 사용 어휘, 경향까지 분석할 수 있으며, 맥박과 뇌파 등 생체 데이터를 활용해 복합적으로 적합한 후보를 선별한다. 인공지능은 면접을 통해 면접 대상의 역량, 직무 적합성 등 객관적인 요소와 의사 표현 능력, 공감 능력 등 주관적인 요소를 종합적으로 분석하여 일차적으로 인재를 골라내는 조력자의 역할을 하고 있다.

M사에서 제공하는 인공지능 면접관은 게임을 통해 지원자의 무의식적 행동 및 수행결과를 분석하여 다양한 영역의 역량정서, 추론, 계획, 멀티태스킹, 조절, 의사결정 등을 측정한 후 직무수행에 필요한 인성 및 인지 능력 보유 여부를 판단하여 그 결과를 그래프로 보여준다.

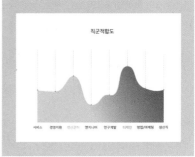

인공지능 면접과 면접 결과 [25]

또한, 인공지능을 통해 지원자의 실시간 반응을 분석하여 감정 상태를 파악함으로써 면접자의 매력도와 호감도 등을 판단한다.

인공지능 면접관은 인간 면접관이 가지는 편견의 개입을 최소화하고, 객관성과 신뢰성을 확보할 수 있으며, 시간과 비용 측면에서 효율성이 높다. 그러나 사람이 인공지능 면접관의 알고리즘을 설계하기 때문에 그 안에 차별과 편향이 존재할 가능성도 충분히 있다.

---

25 출처 : midas HRi

얼굴 인식 및 음성분석을 지원하는 인공지능 기술 [26]

만약 면접자가 어렸을 적 사고로 얼굴을 다쳐 약간의 흉터가 남아 있거나 표정에 미세한 떨림이 있다고 할 때, 인공지능이 이를 부정적인 신호로 감지하여 이 사람을 탈락시켰다면 인공지능 면접관이 평가하는 다른 면접에서도 탈락할 가능성이 높을 것이다. 인공지능 면접관이 가지는 문제점 및 한계는 다음과 같다.

- 개인의 역량은 지식, 기술, 태도 등 복잡한 요소로 구성되는데 인공지능이 이러한 부분을 균형 있게 판단하기는 어려움
- 사람 간 교감을 통해 상대방을 정확하게 이해할 수 있는데, 인공지능은 교감이 어려움
- 도덕, 윤리, 인성에 대한 객관적 기준을 설정하기 어려움

---

26 출처 : midas HRi

- 인공지능 알고리즘과 패턴을 밝혀내 전문적으로 훈련을 받는다면 누구나 인공지능 면접관의 면접을 통과할 수 있음
- 에러 발생 시 잘못된 결과가 산출되어 민원이나 법적 소송으로 이어질 수 있음
- 기계에게 잘 보이도록 자신을 끼워 맞춰야 하는 상황이 연출됨

2020년 일부 시민단체는 몇 개 공공기관을 상대로 정보공개 소장을 제출한 바 있다. 시민단체는 인공지능 면접관의 공정성에 의문을 품고 이들 기관이 진행한 인공지능 면접 절차와 결과에 대한 자료 공개를 요청한 것이다. 실제로 모 공사의 채용 과정에서는 인공지능 면접관이 선택한 상위 10% 중 단 한 명도 합격자가 나오지 않고 오히려 하위 점수자에게 합격자가 나와 인공지능 면접관의 정확성에 대한 의문이 제기된 바 있다. 면접에 있어 면접관의 주관적 판단이 더 치명적일까, 아니면 인공지능의 획일적 판단이 더 치명적일까? 인공지능 면접이 하나의 비즈니스로 정착하기 위해 고객 및 기술의 불확실성을 어떻게 극복해야 할 것인가?

AI 스피커의 진화

AI 스피커는 이제 더는 신기한 제품이 아니다. 많은 가정에서 AI 스피커를 이용해 음악을 듣고 IPTV를 보고, 날씨 정보를 듣고 있다. AI 스피커에는 음성인식 기술, 클라우드 기술, 인공지능 기술이 적용되고

있다. 이러한 기술을 활용해 이용자의 질문이나 요구를 이해하고 적절하게 반응한다. 정교하게 짜인 알고리즘을 기반으로 사용자와 의사소통을 하며, 집안의 각종 기기를 제어함으로써 스마트 홈을 구현하는 데 이바지한다. AI 스피커를 인공지능 기반 제품으로 분류하는 이유는 사용자와 대화하면서 만들어진 DB를 학습하면서 AI 스피커 스스로 지능화되고 있기 때문이다.

AI 스피커의 작동 방식

스피커의 이름을 불러주면 잠자는 AI 스피커가 활성화된다. "벚꽃 엔딩 틀어줘!"라고 명령하면, 음성을 인식한 스피커는 음성을 텍스트로 변환하는 데, 이 기능을 STT$^{Speech\ to\ Text}$라고 한다. 변환된 텍스트는 도메인과 동작으로 구분되는데, 도메인은 '음악'이 되고, 동작은 '틀어줘'가 된다. AI 스피커는 명령을 받아 기존 DB에서 해당 음악을 찾은 후 음악을 들려준다.

벚꽃 엔딩 / 틀어줘

음악도메인 / 동작

"오늘 날씨를 알려줘!"라고 외치면 AI 스피커는 '날씨'라는 도메인을 판별하고 자연어 처리를 통해 해당 정보를 알려달라는 것을 파악한다. 그런 후에 날씨 정보를 검색하고 검색한 결과를 음성으로 송출하는데 이것을 TTS라고 한다. TTS는 'Text to Speech'로 문장을 음성으로 변환하는 것을 의미한다.

오늘 날씨를 / 알려줘

———————

날씨도메인 / 동작

    이러한 대화가 오고 가다 보면 이것이 데이터로 쌓이고, AI 스피커는 데이터를 바탕으로 음악을 추천할 수 있게 된다. 시간, 날씨, 시즌에 따라 사람들이 어떤 노래를 찾는지를 분석하면 사용자의 특성과 시공간적 상황에 따른 선호 음악이 리스트업 되는 것. "오늘 듣기 좋은 노래를 추천해 봐."라고 명령하면 AI 스피커는 "비가 오는 날에 듣기 좋은 음악 들려 드릴게요."라고 대답한 후 다수의 사람이 비 오는 날 선택한 노래를 틀어준다. 아직은 데이터가 많지 않고 AI 스피커도 학습하는 과정이라 모든 질문에 정확하게 대응하지 못하고 있다. 그러나 다양한 데이터가 축적되고 이러한 데이터를 기반으로 추천 알고리즘이 고도화되면 AI 스피커의 기능도 훨씬 좋아질 것이며, 반려동물처럼 인간의 외로움을 달래주는 좋은 벗이 될 것이다.

    정확한 음성인식을 위해 수억 개의 음성 패턴을 수집하고 분석해서 정확한 컴퓨터가 인식할 수 있는 언어로 만드는 기술, 언어를 자연어처리를 통해서 컴퓨터가 처리할 수 있는 명령으로 바꾸는 작업을 고도화하는데 인공지능 기술이 적용된다.

AI 스피커 전쟁

    글로벌 IT 기업은 AI 스피커 분야에서도 치열한 경쟁을 벌이고 있다.

대표적으로 아마존 에코, 애플 홈팟 미니, 구글 네스트 허브를 꼽을 수 있는데, AI 스피커가 IoT가 장착된 스마트 조명, 스마트 TV, 스마트 냉장고와 연동되어 공간 내 가전제품 및 스마트 기기 통제할 수 있으며, 스마트 플러그를 사용하면 IoT 기능이 없는 기기도 AI 스피커로 조종할 수 있다.

구글 네스트 허브는 '구글 어시스턴트'를 기반으로 한다. 음성 인식률과 검색 능력도 높아져 어떤 내용을 어떤 사투리로 물어보든 구글 검색을 통해 척척 알려주며, 통역 기능까지 제공하고 있다. 검색 기능과 실행 기능을 함께 제공하고 있는데, 가령 "안녕, 구글! 유튜브로 로제 떡볶이 만드는 법을 보여줘"라고 명령하면 유튜브에서 해당 영상을 검색하여 디스플레이를 통해 동영상을 재생해준다.

구글 네스트 허브 2세대 [27]

---

27   출처 및 영상 자료 : https://youtu.be/eIXc31VDOIE

아마존 에코는 사람의 발자국이나 문 여는 소리, 기침 소리 등 비언어적 신호에 반응하는 기능을 추가했는데, 이를 기반으로 이상 신호가 발생했을 때 이를 가족이나 인근 경찰서에 전송하는 '알렉사 가드 플러스Alexa Guard Plus' 서비스를 제공하고 있다.

AI 스피커의 경쟁력은 확장된 생태계에 있다. AI 스피커가 더 많은 기기에 연결되고 AI 스피커를 통해 다양한 기능을 제공해야 하므로 기업들은 자사의 AI 스피커와 협업하는 파트너를 확보하는 것이 매우 중요하다. 아마존의 경우 자사의 AI 스피커에서 돌아가는 응용 프로그램을 만드는데 필요한 SDKSoftware Development Kit를 공개하는 정책을 통해 다양한 파트너를 모으고 있다. 이를 통해 블루투스 헤드폰이나 웨어러블 기기 등에 알렉사가 탑재됨으로 서비스의 확장성을 강화하고 있다. 반대로 폐쇄적인 정책과 불완전한 기능으로 실패한 제품도 많다. 대표적으로 애플 홈팟을 들 수 있다. 애플 홈팟은 2021년에 단종되었는데, 비싼 가격에 비해 음성 인식률과 음질이 낮고 애플 뮤직만 스트리밍을 지원함으로써 다른 경쟁 제품 및 자사의 보급형 모델애플 홈팟 미니에 자리를 뺏겼다.

AI 스피커는 IoT 생태계의 허브로 가치가 높아 기업들이 제품 개발 및 보급에 열을 올리고 있다. 인공지능 기술의 발전과 함께 엄청난 기능 발전이 예상된다.

챗봇

챗봇의 작동 방식

'챗봇'은 채팅과 로봇의 합성어로, 인공지능 기반 대화형 메신저 서비스로 진화하고 있다. 콜센터의 챗봇 상담 서비스가 대표적인 예로, 이용자 질문에 대해 챗봇이 텍스트나 이미지로 답변하는 방식을 취한다.

챗봇이 작동하는 방식은 크게 2가지이다. 하나는 규칙을 기반으로 작동하는 방식이며, 다른 하나는 머신러닝을 기반으로 작동하는 방식이다. 규칙 기반 챗봇은 특정 명령어에 대해 답을 하는 방식이다. '휴대폰 요금', '남은 데이터'라는 키워드를 파악하여 챗봇이 적절하게 대답하지만, DB에 없는 단어를 포함하여 질문하는 경우 챗봇이 무슨 말인지 이해하지 못해 답변을 못 하거나 엉뚱한 답을 하기도 한다. 이 경우 고객은 결국 상담사와 직접 통화를 통해 문제를 해결해야 한다. 이처럼 규칙 기반 챗봇은 이용자가 질의할 만한 내용을 DB화해서 미리 입력해두어야 제대로 작동한다는 문제가 있다. 반면 머신러닝 기반 챗봇은 단어와 문장, 문맥을 스스로 분석하여 적절한 답변을 제공한다. 한마디로 사람의 말을 좀 더 잘 알아듣는 챗봇인 셈인데, 머신러닝의 특성상 사람들과 많이 대화하고 학습하는 과정을 통해 기능이 진화한다는 특징이 있다.

세계 최초의 챗봇, '일라이자'

1966년, MIT 공과대학의 컴퓨터 과학자인 요제프 바이첸바움[Joseph Weizenbaum]은 '일라이자[ELIZA]'라는 챗봇을 개발하였다. 일라이자는 자신을 '컴퓨터 치료사[computer therapist]'라고 소개하고 있다.

일라이자와의 대화를 통해서 우리는 충분히 힐링할 수 있을까? 이를 알아보기 위해 2020년 저자가 직접 채팅을 시도하였다. (현재는 서비스가 제공되지 않고 있음)

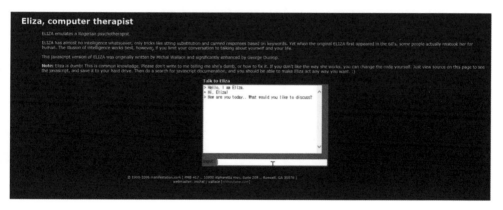

일라이자 홈페이지 [28]

일라이자는 먼저 인사를 하며 자신의 이름을 알려주었다. 저자 역시 일라이자의 질문에 답변한 후 저자가 가진 고민을 이야기하였다.

---

28 출처 : http://www.manifestation.com/neurotoys/eliza.php3

처음에는 인공지능과 대화를 한다는 것이 마냥 신기했지만, 점점 답답함이 느껴졌다. 대화가 이어지면서 일라이자가 동문서답을 하고 있다는 느낌을 받았고, 저자가 했던 말을 반복적으로 질문했다.

저자 : 나는 요즘 기분이 안 좋아!

일라이자 : 왜 기분이 안 좋아?

저자 : 남자친구 때문이야.

일라이자 : 왜 남자친구 때문이야?

저자 : 남자친구가 나를 짜증 나게 해.

일라이자 : 남자친구가 왜 너를 짜증이 나게 해?

저자 : 그는 매번 약속을 어겨.

일라이자 : 남자친구는 왜 매번 약속을 어겨?

해당 사이트에 재접속하여 똑같은 질문으로 대화를 시도했더니, 처음보다는 나은 대화가 이어졌다.

저자 : 나는 요즘 기분이 안 좋아!

일라이자 : 속상하겠구나.

저자 : 남자친구 때문이야.

일라이자 : 남자친구가 너를 속상하게 하는구나.

저자 : 남자친구가 나를 짜증이 나게 해.

일라이자 : 남자친구에게 그 사실을 말했니?

저자 : 그는 매번 약속을 어겨.

일라이자 : 남자친구에게 약속을 어기지 말라고 말하는 게 어떨까?

이처럼 일라이자는 인간과의 대화를 통해 그사이 학습을 한 것이다. 해당 사이트는 일라이자를 학습시키기 위한 목적으로 만들어진 것으로 판단된다. 현재 이 사이트는 접근할 수 없는 상태지만, 앞으로 인간의 마음을 달래주는 인공지능 상담가나 치료사가 등장할 것으로 기대된다.

챗봇 기반 서비스

챗봇을 서비스에 적용하여 경쟁력을 강화한 사례가 다수 보고되고 있다. 단순하고 반복적인 문의는 인공지능이 자동 응대하고, 복잡한 민원은 상담원에게 연결해주는 기능을 통해 민원 업무 처리의 효율을 높일 수 있다.

부천도시공사는 2019년부터 인공지능 챗봇 서비스를 제공하고 있다. 가장 많이 활용되는 분야는 주차 민원으로, 부천시 공영주차장 위치와 요금, 주차요금 정산, 견인 차량 검색, 거주자 우선 주차 신청 업무를 365일 24시간 지원하고 있다. 모바일에서 접속하여 부천시 내 공영주차장 위치를 직접 질문했더니, 공영주차장 시설에 대한 정보와 함께 지도나 주소로 검색하는 서비스를 추가로 제공하고 있다. 이처럼 질문에 따른 답변이 정형화되어 있고 복잡성이 낮은 민원의 경우 챗봇을 통해 민원인을 만족시킬 수준의 서비스가 가능하다.

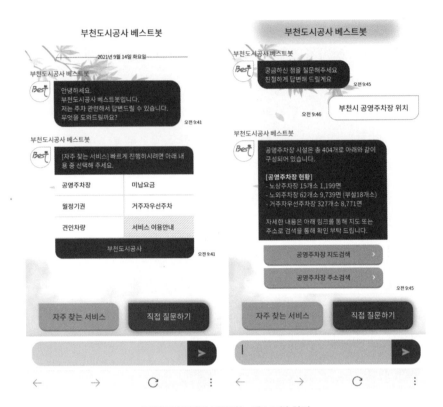

부천도시공사가 제공하는 베스트봇 화면

인공지능 기자

이제는 인공지능이 그림을 그리고, 곡을 쓰며, 신문 기사를 작성하는 시대가 왔다. 인공지능이 쓴 기사 내용은 어떨까? 과연 믿을 만할까? 다음 기사[29]를 통해 함께 생각해보자.

---

29 출처 : http://news.kmib.co.kr/article/view.asp?arcid=0014452464&code=61141211&cp=nv

<뉴스 클립> **통상 생산 중단

통상은 생산을 중단한다고 7일 공시했다. 생산중단 분야는 ** 공장이며 생산재개 예정일자는 2020년 4월 13일이다. 한편, **통상의 14시 58분 현재 주가는 3,550원으로 직전 거래일 대비 300원(-7.79%) 하락이며, 거래량은 7,870주이다.

이 기사는 증권뉴스 전용 인공지능 로봇이 금융감독원 전자공시 시스템과 한국거래소 데이터를 토대로 작성한 것이다. 이처럼 인공지능이 쓴 기사를 믿어도 될까? 결론적으로 믿어도 될 것 같다. 왜냐하면, 이 기사는 '금융감독원 전자공시 시스템'과 '한국거래소 데이터'라는 믿을 수 있는 출처를 활용하고 있고, 기사를 내보내기 전에 언론사에서 한번 검토했을 것이기 때문이다. 즉, 뉴스를 내보내는 주체^{언론사}를 신뢰할 수 있고 정보의 출처가 신뢰성 있는 만큼 해당 뉴스를 의심할 필요는 없을 것 같다.

실제로 미국의 한 언론사는 전체 기사의 1/4가량을 인공지능이 작성하고 있고, 인공지능이 데이터를 분석해 뉴스 소재가 될만한 사실을 찾아내 기자에게 전달하는 서비스를 제공하고 있으며, SNS에 올라오는 재난 정보를 인공지능이 찾아내 기자에게 알려주는 서비스도 제공하고 있다.

로이터 통신이 2018년에 공개한 '링스 인사이트' [30]

증권이나 스포츠, 날씨처럼 기사의 형태가 정형화된 경우 인공지능이 기사를 내보내는 경우가 많다. 이처럼 인공지능이 만든 뉴스가 증가하고 있는데, 여기에 이바지한 것이 바로 'OpenAI'에서 만든 'GPT-2'이다.

'OpenAI'는 2015년 와이 콤비네이터의 CEO였던 샘 알트먼과 테슬라의 창업자 일론 머스크 등이 참여해 설립한 인공지능 기업이다.

'GPT-2'는 'Generative Pre-trained Transformer 2'의 약자로, 필요한 데이터를 입력하면 인공지능이 자동으로 기사를 작성해주도록 고안되었다. 'GPT-2'는 머신러닝 알고리즘을 이용해 입력된 텍스트를 분석하여 문법적으로 문제가 없도록 텍스트를 자동완성하고 생성해주는 자연어 처리모델을 이용하고 있는데, 주식 시황이나 스포츠처럼 기사 포

---

30 출처 : https://www.reuters.com/journalists/lynx-insight-service

맷이 유사한 경우 키워드만 입력하면 문장이 생성되도록 지원한다.

'OpenAI'가 개발한 'GPT-2'는 몇십 기가에 이르는 텍스트와 천만 개에 달하는 웹페이지를 학습한 후 문장의 주제와 스타일을 파악해 그에 맞도록 문장을 작성하는데, 뉴스 기사는 물론 학교 숙제, 소설까지 작성할 수 있으며 문장 구성이 정교해 인간 기자를 대신할 수준까지 발전하고 있다.

너무 정교해서 문제였을까? 'OpenAI' 측은 'GPT-2'의 최신 버전을 대중에게 공개하지 않겠다고 선언했다. 이유는 진실을 위장한 거짓 정보를 만들어내는데 'GPT-2'가 무차별하게 이용될 수 있다는 우려 때문이었다.

2020년에는 'GPT–3' 버전이 개발되었는데 'GPT–2'보다 2배 많은 매개변수를 가지고 있어 딥러닝을 이용해 인간에 가까운 언어 구사 능력을 보인다. 인공지능 기술의 발전에 따라 'GPT-n' 시리즈가 계속 개발될 것으로 예상된다. 이처럼 인공지능의 발전으로 기계가 인간을 대신해 기사를 작성하는 일이 가능하다. 그렇다면 이후 출시된 'GPT–3'은 거짓 정보 생성의 우려에서 벗어날 수 있을까?

인공지능이 할 수 있는 일

현재의 기술 수준에서 인공지능은 어떤 일까지 할 수 있을까? 다음 10가지 중에 인공지능으로 가능한 일이 몇 개나 될지 직접 표시해보자.

(1번)	문자, 음성 등 우리말을 타국 언어로 변환해주기
(2번)	스미싱 문자나 스팸메일 걸러주기
(3번)	악필을 정자체로 인식하기
(4번)	록 정신이 가득한 노래 작곡하기
(5번)	피카소 화풍으로 이순신 동상 그리기
(6번)	범죄자의 재범 가능성 판단하기
(7번)	엑스레이 사진을 보고 유방암 가능성을 판별하기
(8번)	우울증, 치매 등 정신질환 가능성 진단하기
(9번)	토익 시험에서 내가 받을 점수를 분야별로 예측하기
(10번)	전염병의 발발 가능성 예측하기

그렇다. 위에 제시된 10가지는 현재 인공지능으로 지원되고 있는 영역이다. 그러나 인공지능도 사람처럼 전문영역을 가지고 있다. 피카소의 화풍으로 이순신 동상을 그리는 인공지능은 번역일은 하지 못한다. 반대로 번역을 잘하는 인공지능은 사람의 손 글씨를 알아보지는 못한다. 사람처럼 이 모든 것을 다 할 수 있는 완벽한 인공지능은 없다. 그래서 인공지능 분야가 매력적인데, 아직은 완성도가 높지 않아 우리가 인공지능 분야에서 할 수 있는 일이 많기 때문이다. 만약 이 모든 것들을 다 할 수 있는 전지전능한 인공지능이 만들어진다면 이것이 인간을 위

협하는 무서운 도구가 되지 않도록 준비해야 할 것이 많을 것이다. 이처럼 인공지능은 우리가 해야 할 많은 것들이 남아 있는 분야로, 그래서 매력적이다.

우리 주변에 생각보다 많은 인공지능이 있다. 스마트폰만 열어도 최소 3개 이상의 인공지능 서비스를 이용할 수 있다. 대표적으로 AI 스피커, 번역기, 스마트 렌즈가 그것이다. 스마트폰으로 상대방과 연락을 하고 있을 때 배경 소음을 걸러주는 기능과 궁금한 내용을 알려주는 스마트폰의 가상비서도 인공지능 기술의 산물이며, 컴퓨터 속에 물건을 사거나 필요할 때 가장 많이 찾았던 물건을 순서대로 순위를 매겨주고 유튜브를 보고 있으면 관심 있을 것 같은 내용을 미리 다음 내용으로 틀어주는 것도 인공지능의 도움 덕분이다.

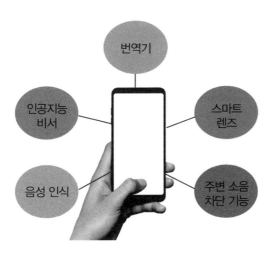

스마트폰 내 인공지능 기능들

06

CHAPTER

인공지능은 예술을 창작할 수 있을까?

CHAPTER 06

인공지능은
예술을 창작할 수 있을까?

　예술은 인간만이 할 수 있는 유일한 영역으로 꼽혀 왔다. 이는 인간의 창의적인 행위를 동물이나 기계가 결코 따라올 수 없다는 생각 때문이다. 그러나 미술과 음악 분야에도 인공지능 예술가가 등장하고 있으며, 예술계는 여기에 이목을 집중하고 있다. 피사체를 100% 정확하게 표현하는 카메라 기술의 탄생으로 붓으로 그림을 그리던 화가들이 위기감을 느꼈던 것처럼, 예술가들도 인공지능이 예술 영역까지 영향을 미칠지에 대해 기대 반 우려 반의 태도를 보인다. 다음에서는 예술 분야에서 두각을 나타내는 인공지능 서비스를 살펴보도록 하겠다.

인공지능 음악가

AI 작곡가, 아이바

　아이바 테크놀로지의 아이바 Aiva 는 딥러닝을 이용해 작곡하는 인공지능이다. 아이바는 'Artificial Intelligence Virtual Artists'의 약자로 세계적으로 우수한 작곡가들이 만든 3만 개 곡을 읽어 작곡 기법을 배웠고 엔비디아와 협력해 록밴드 퀸 ^{Queen} 으로부터 영감을 받은 곡을 만들었다. 세계적 신경망 행사인 NeurIPS AI 컨퍼런스에서 엔비디아는 'Change the World'라는 곡을 소개했는데, 다양한 아티스트가 만든 수백 개의 록 음악으로 신경망을 훈련시켰고, 그 결과 멜로디와 기타 코드, 베이스라인, 반주, 박자 등 곡마다의 고유한 요소를 모방하는 방법을 배웠다고 한다. 아이바가 작곡한 'Change the World'를 함께 들어보자.

아이바가 작곡한 'Change the World' [31]

---

31 • 음악 듣기 : https://youtu.be/jpd7k2KZqW8
 • 출처 : 엔디비아 공식블로그
　　(https://blogs.nvidia.co.kr/2019/01/03/ai-helps-create-rock-song-honoring-queen/)

AI 작곡가, 플로머신즈

플로머신즈Flow Machines는 소니의 인공지능 시스템으로, LSDLead Sheet DataBase라 불리는 데이터베이스에 저장된 13,000여 개의 곡을 분석해 사용자가 원하는 노래를 만들어준다. 플로머신즈는 곡에 대한 학습 능력도 있어서 다양한 스타일의 곡을 만들어낼 수 있다. 대표곡 'Daddy's Car'는 몽환적인 분위기와 비틀즈 스타일이 잘 어우러지고 있다.

Daddy's Car [32]

플로머신즈는 비틀즈의 노래 45곡을 분석하여 'Daddy's Car'를 작곡했다고 한다. 사실 이 곡은 순수하게 인공지능으로 구현된 작품은 아니다. 기본 작곡은 인공지능이 했지만, 편곡은 전문가가 했으므로 엄밀히 말하면 인간과 인공지능의 콜라보 작품이라 할 수 있다.

32 출처 및 영상 자료: https://youtu.be/LSHZ_b05W7o

피아노 연주 로봇, AI 듀엣

　구글은 곡을 연주하는 피아노 로봇인 AI 듀엣을 선보였다. 이는 인공신경망을 활용한 머신러닝 기술인 딥러닝을 활용한 AI로, 인간이 연주한 곡을 입력하면 AI 듀엣이 연주법을 훈련하는 방식이다. 멜로디의 패턴을 익히면 스스로 멜로디도 만들 수 있다. 어떻게 인간이 컴퓨터와 듀엣을 연주할 수 있을까? 연주자가 즉흥적으로 키보드를 누르면 컴퓨터는 기존 흐름의 음악을 분석해서 여기에 가장 잘 어울리는 대꾸를 찾아 대응하는 식으로 음악을 이어 나간다. 라임을 맞춰야 하는 시나 힙합의 경우 적합한 대구對句가 있을 텐데 그걸 작곡 원리에서 찾아내는 것이다. 키를 누르고 되돌아오는 연주를 들어보면 꽤 흥미롭다.

　AI 듀엣에 대해 궁금한 분들은 아래 영상을 통해 AI 듀엣의 작동방식과 개발환경에 대해 살펴보기 바란다.

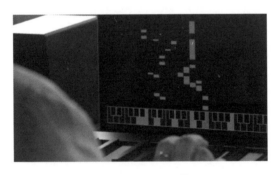

피아노 로봇, AI 듀엣 [33]

33　출처 및 테스트 : https://experiments.withgoogle.com/ai-duet

AI 작곡 시스템, 쥬크덱

2012년 영국에서 설립된 쥬크덱Jukedeck은 이용자 취향에 맞춰 음악을 자동으로 만들어주는 인공지능 작곡 시스템으로, 이용자가 장르와 악기, 속도, 시간 등을 선택하면 자동으로 음원을 만들어준다. 약 10년 간의 DB가 쌓이고 알고리즘이 고도화되면서 상업방송에 사용해도 충분할 만큼의 작품성과 품질을 보장한다. 현재 무료 버전을 제공하지만, 만약 해당 음원에 대한 저작권을 취득하고 싶다면 0.99달러2021년 9월 기준만 내면 된다. 틱톡은 자사의 동영상 서비스를 위해 2019년 쥬크덱을 인수하였는데, 음원 관련 저작권 문제를 회피하기 위한 목적으로 해석된다.

쥬크덱에 제공하는 무료 음악 [34]

인공지능 화가

AI 화가, 딥드림

딥드림 Deep Dream 은 주어진 이미지를 보고 이를 재해석하여 추상화로 다시 그려내는 인공지능 프로그램이다. 추상화라는 자신의 고유 영역을 가지고 인공신경망을 이용해 이미지를 인식, 저장, 추출하여 시각화하는 능력을 갖추고 있다. 이미지 합성 알고리즘인 인셉셔니즘 Inceptionism 이 사진 정보를 바탕으로 이미지를 재창조하는데, 인간의 신경망을 이미지화한 후 이를 데이터로 정보화해 내는 기술력이 핵심이다. 인공지능이 구현한 이미지가 몽환적인 느낌을 준다고 해서 '딥드림'이라는 이름이 붙여졌다는데 누구나 딥드림을 이용하면 멋진 그림을 얻을 수 있다.

가령, 딥드림에 빈센트 반 고흐의 작품을 모사하는 훈련을 시킨 후 광화문 사진을 보여주면 아래와 같은 그림을 그려내는데, 마치 고흐가 환생하여 광화문을 그린 듯 고흐의 화풍을 그대로 유지하고 있다.

딥드림이 그린 광화문 [35]

2016년에는 딥드림이 그린 작품 29점이 경매에 부쳐졌다. 이 그림들은 총 9만7,000달러약 1억 1,000만 원에 판매됐고, 이 중에는 8,000달러, 즉 920만 원에 팔린 작품도 있다. 딥드림이 그린 그림들을 갤러리를 통해 함께 살펴보자.

딥드림 갤러리 [36]

AI 화가, 오비우스

다음으로 소개할 팀은 오비우스Obvious다. 팀이라고 지칭한 이유는, 오비우스는 프랑스 파리의 예술 공학 단체이자 인공지능 미술 그룹이기 때문이다. 오비우스가 그린 '에드몽 드 벨라미의 초상'은 약 5억 원의 경매가로 낙찰되었다.

오비우스는 인공지능 알고리즘인 'GAN'을 이용해 작품을 만들었다. 개발팀은 인공지능 프로그램에 14세기부터 20세기까지 그려진 초상화

약 1만 5,000점가량 입력시켰고, 오비우스는 초상화를 분석해 공통점을 찾아낸 뒤 스스로 자신만의 초상화를 그려내고 있다. 오비우스가 그린 그림도 한번 감상해보자.

오비우스가 그린 그림 [37]

AI 로봇 화가, 아이다

지금까지는 그림을 그리는 인공지능 소프트웨어를 소개했다. 이제는 진짜로 그림을 그리는 인공지능 로봇을 소개하고자 한다.

아이다 Ai-Da 는 팔과 내장된 카메라로 그림을 그리는 인공지능 로봇이다. 영국 수학자이자 컴퓨터 과학자인 '아이다 러브레이스 Ada Lovelace'의 이름에서 따왔다고 하는데, 눈과 몸통에 내장된 카메라로 주변을 인식하고 사람의 특징을 파악할 수 있으며 인공지능 알고리즘

---

37 출처 및 감상하기 : https://obvious-art.com

에 따라 경로와 좌표를 계산하여 작품을 제작한다. 우측 여성이 바로 아이다이다.

인공지능 화가, 아이다 [38]

이미 몇 년 전부터 로봇이 그린 미술작품 경진대회도 열리고 있다. 대표적으로 '로보아트Roboart'를 들 수 있는데, 실제 브러시와 페인트를 이용한 작품만 출품할 수 있다. 이 경진대회에서는 인공지능이 구현하는 디지털 이미지는 배제하고 있어 이 대회에 딥드림은 참가를 못 하지만 아이다는 참가할 수 있다.

2018년도 수상작은 미국의 예술가이자 로봇 공학자인 핀다르 반 아르만Pindar Van Arman이 개발한 '클라우드 페인터CloudPainter'가 그린 작품이었다. 클라우드 페인터는 머신러닝 기술을 이용해 다양한 수준의 추상

---

38   출처 : https://www.ai-darobot.com

화와 인물화를 그릴 수 있도록 고안된 소프트웨어로, 프랑스 화가인 폴 세잔의 1880년 작품인 '에스타크의 집 Houses at L'Estaque'을 재해석하여 작품을 완성했고, 이 그림으로 수상의 영광을 안았다. 진짜 사람이 그린 것처럼 보이는데, 평소 세잔의 그림을 좋아하는 사람들이라면 이 그림도 좋아할 것이다.

클라우드 페인터가 그린 작품 [39]

인공지능이 만든 작품의 가치

지금까지 우리는 회화, 작곡, 연주 등 다양한 분야에서 활동하는 인공지능 예술가를 만나봤다. 인공지능은 인간이 그림을 그리고, 연주하고, 작곡하는 양식을 학습하고 이를 토대로 새로운 창작물을 만들어낸

---

39   출처: https://robotart.org/2018-winners/

다. 완성도가 낮고 부자연스러운 부분이 있지만, 그 나름으로 매력적이다. 그럼 인공지능이 만든 그림, 시, 곡을 예술 작품으로 인정해야 할까? 인공지능을 개발하는 프로그래머들은 그 가치를 높게 보지만 예술가들은 반대 입장에 설 것이다. 많은 예술가는 인간의 작품을 모방하고 모사하는 것이기 때문에 그 결과를 고유의 예술로 인정할 수 없다고 주장하고 있다. 창조성과 고유성에 있어 가치가 낮다는 것. 하지만 하늘 아래 새로운 것이 없듯이 인간의 예술 작품도 결국 자연을 흉내 내고 모사한 모방의 결과라는 점에서 인공지능이 만든 예술 작품에도 가치를 부여할 수 있다는 주장도 있다.

다음 사례를 비교하여 살펴보자.

전쟁, 난민, 불평등과 같은 사회적 주제를 다뤄온 뱅크시라는 작가는 예술계의 허영심을 조롱하기 위해 퍼포먼스를 계획했다. 뱅크시의 '사랑은 쓰레기통에 있다'Love is in the Bin의 원작은 '풍선과 소녀'Girl with the Balloon로, 이 작품은 2018년에 낙찰된 직후 경고음과 함께 그림이 액자 밑으로 내려오면서 그림의 절반이 갈기갈기 찢어진 상태로 100만여 파운드약 16억 원에 팔렸다. 낙찰되자마자 파쇄기에 갈려 갈가리 찢어진 채로 팔린 이 그림에 사람들은 16억 원 이상의 의미를 부여하고 있다. 이는 인간이 그린 예술 작품에서 느낄 수 없는 새로운 영감을 주었다는 이유로 가치를 인정받고 있다.

이처럼 인공지능이 인간이 창조한 예술 작품에서 느낄 수 없던 새로운 영감을 제공할 수 있다면 인공지능 작품의 가치를 인정할 수 있을 것이다. 실제로 2021년 인공지능 로봇 소피아의 작품이 NFT 경매에 출품되어 7억 원에 팔린 일이 있었다. 소피아는 이탈리아 미술가인 안드레아 보나체토^{Andrea Bonaceto}와 협력해 'Sofia instantiation'이라는 12초짜리 MP4 파일과 디지털 자화상을 제작했는데, 소피아는 보나체토의 화법을 학습하고 자신의 초상화를 그렸으며, 프린팅된 작품에 붓을 사용해 덧칠하기도 했다. 대중은 이러한 새로운 시도에 대해 7억 원이라는 가치를 부여한 것이다.

소피아가 그린 그림 'Sofia instantiation' [40]

인공지능이 인간의 창의성을 기반으로 하는 예술 영역까지 진입했다는 것은 위협적으로 느껴진다. 아직은 인공지능 혼자 완벽하게 작품을 만들지는 못하나, 인공지능 스스로 인간의 창의성을 뛰어넘는 대작을 만들지 못할 거라 장담할 수는 없다. 이 아마추어 같은 작품들은 예

----

40 출처 및 영상 자료: https://youtu.be/Dn750GALzbo

술가들에게 새로운 자극과 영감을 줄 것이다. 시간적, 비용적 문제로 하지 못하던 새로운 시도를 인공지능의 도움으로 할 수 있게 되고, 작품 구상이나 제작 단계에서 비용과 시간을 줄일 수 있을 것이다. 또한, 일반인들도 인공지능을 활용해 작품을 만들 수 있는 환경이 갖춰지면 예술 시장도 저변이 넓게 확대될 것이다. 인공지능을 인간의 예술 활동을 도와주는 조력자 또는 경쟁자로 인정하고 예술 분야의 파격과 혁신을 기대할 필요가 있다.

07

CHAPTER

인공지능은 어떻게 분야별로 적용되고 있을까?

CHAPTER 07

인공지능은
어떻게 분야별로 적용되고 있을까?

인공지능의 활용

　인공지능은 이미 거의 모든 산업에 영향을 미치고 있다. 인공지능은 각 분야에서 어떻게 사용되고 있을까? 인공지능을 잘 활용하면 무엇이 달라질까? 이제부터 분야별로 어떻게 인공지능 기술이 적용되는지 살펴보자.

제조 분야

　제조 분야의 가장 큰 이슈는 작업자의 실수^{human error}에 의한 불량률을 낮추고 인건비를 줄이는 것이다. 이러한 문제를 해결하기 위해 많은 기업은 스마트 팩토리를 도입하고 있다. 공장 내 설비에 센서를 부착하면 이 센서를 통해서 데이터가 실시간으로 수집되고 분석되는데, 인공지능이 공장 운영 전반을 관찰하고 예외 상황을 감지해서 빠른 조처를 하게 되면 공장의 안정적 운영과 불량률 감소라는 성과를 얻을 수 있다.

지멘스의 스마트 팩토리

지멘스는 독일 암베르크에서 지능형 공장을 운영하고 있는데 건설, 제어 기술의 통합은 생산 프로세스 전체 과정에서 투명성과 품질, 속도를 향상시켜 새로운 제품 아이디어를 실현하는 것을 지원하며, 자동화를 통해 공장이 지어진 지 25년 만에 생산성이 8배나 증가하였다. 지멘스는 센서와 측정 장치를 통해 자동으로 제품의 이상 유무를 검사하여 생산성 및 불량률을 효과적으로 통제하고 있다. 특히 인공지능 비전 검사를 통해 기존에 수작업 검사보다 신속 정확하게 품질 검사를 시행하고 있다.

지멘스의 스마트 팩토리[41]

---

41 출처 및 영상 자료: https://youtu.be/2KU4ErFHwz8

복잡한 제품을 개발하는 공장의 경우 공정이 워낙 복잡하기 때문에 100% 무인 체제로 운영되기는 어려운 점이 있다. 유튜브에서 '테슬라 프리몬트 공장'을 검색하면 재미있는 영상이 하나 확인된다. 바로 테슬라의 CEO인 일론 머스크가 프리몬트 공장을 직접 설명해주는 영상이다.

일론: 이 공장은 원래 오천명의 직원이 있었는데 지금은 만명이에요.
여기에만 만명이죠

일론 머스크의 프리몬트 공장 투어 영상 [42]

테슬라의 프리몬트 공장은 자동화된 생산 설비를 통해서 센서만으로 제조 과정을 통제하고 있다. 프리몬트 공장은 '완전한 자동화 공장'을 목표로 지어졌는데, 일론 머스크는 고도로 자동화된 생산 설비를 만들겠다며 1,000대에 육박하는 자동화 로봇을 활용해 최첨단 조립공정을 구축했다. 테슬라는 산업용 로봇 제조사 쿠카와 화낙으로부터 산업용 로봇을 구매해 라인에 설치했고 제작품 및 부품 이동을 위해 이송 로봇도 활용했다. 하지만 테슬라는 로봇 군단만으로는 완전 자동화 공장에 대한 꿈을 이룰 수 없었다. 자동차 생산 현장이 너무 복잡했기 때문이다. 최초의 양산형 전기차인 '모델3'가 라인에 투입됐을 때 로봇 군단은 잦은 오류와 그로 인한 생산 중단, 빈번한 조립 불량의 문제로 테슬라를 위기로 몰고 갔다. 일론 머스크는 과도한 자동화에 의존한 것이 실수였음을 인정하고, 완전 자동화를 포기한 후 근로자를 현장에 투입했다. 100% 무인으로 운영되는 스마트팩토리는 아직까진 요원해 보인다. 하지만 인공지능이 모든 것을 통제하는 상황이 된다면, 이 또한 가능해질 것이다.

자동차 분야

자율주행이란 운전자의 개입 없이 자동차가 스스로 도로 환경을 인식하여 방향과 속도를 제어하여 목적지까지 안전하게 주행하는 것을 말한다.

지금까지 자동차 기술은 자동차 제조업체가 주도했지만, 자율주행만큼은 정보기술 업체에서 더욱 활발하게 연구하면서 좋은 성과를 내고 있다. 대표적으로 구글과 엔비디아는 주변 사물을 인식하는 센서 기술과 고해상도의 영상정보를 처리하고 출력시키는 GPU의 도움을 받아 자율주행 자동차를 구현하고 있다. 구글은 2010년 자율주행 자동차 개발계획을 공식 발표하고 4년 후 자율주행 자동차의 시제품을 세상에 공개했다. 자율주행 자동차 지붕에는 라이더^{LiDAR}라고 불리는 센서 장비를 탑재했는데, 라이더는 사물과 사물의 거리를 측정하고 위험을 감지하는 역할을 하는 자율주행 자동차의 핵심 기술이다.

자율주행 자동차의 구조는 센서, 프로세서, 알고리즘, 액추에이터로 구성된다. 센서가 데이터를 수집하면 프로세서가 그 데이터를 처리한다. 그러면 알고리즘이 처리 결과를 해석하여 주행 경로 등 운행 결정을 내리고 액추에이터가 운행에 필요한 시스템을 제어해준다. 자율주행이 기본적으로 운전자 판단 능력을 대체하는 것을 고려할 때 자율주행 자동차의 핵심은 인공지능 시스템인 알고리즘이라고 할 수 있다.

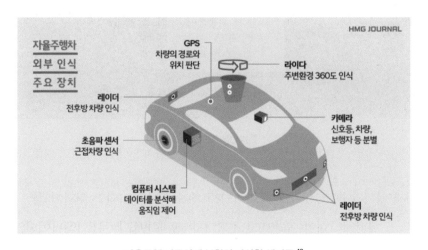

자율주행 자동차에 부착된 다양한 센서들 [43]

---

43 출처: https://news.hmgjournal.com/Tech/reissue-autonomous-recognition

자율주행 자동차는 인공지능의 관여도에 따라 몇 가지 단계로 구분된다. 미국 자동차기술자협회[SAE]는 자율주행 발전을 5단계로 제시했다.

자율주행 자동차의 단계 구분

단계	형태	운전자의 개입 정도	운전 주체
레벨 0	비자동 No Automation	운전자가 전적으로 모든 조작을 제어, 인공지능 지원 없음	운전자
레벨 1	운전자 지원 Driver Assistance	운전자가 운전할 때 인공지능이 핸들의 조향이나 속도제어를 지원하는 수준	운전자
레벨 2	부분 자동화 Partial Automation	운전자가 운전하는 상태에서 2가지 이상의 자동화 기능이 동시에 작동	운전자
레벨 3	조건부 자동화 Conditional Automation	자동차 내 인공지능에 의한 제한적인 자율주행이 가능하나 특정 상황에 따라 운전자의 개입이 필요	시스템 운전자
레벨 4	고도 자동화 High Automation	시내 주행을 포함한 도로 환경에서 주행 시 운전자 개입이나 모니터링이 필요하지 않은 상태	시스템 운전자
레벨 5	완전 자동화 Full Automation	모든 환경에서 운전자 개입이 불필요	시스템

0단계는 자율주행 기술이 없는 상태, 1~2단계는 운전자를 지원하거나 하나 이상의 자동화 기능이 포함된 단계, 3단계는 특정 상황 시 운전자 개입이 필요한 조건부 자동화 단계, 4~5단계는 모두 고도로 혹은 완전 자동화되어 운전자 개입이 필요 없는 단계로, 특히 5단계의 경우 운전자가 탑승하지 않아도 모든 환경에서 자율주행이 가능한 수준이다. 레벨 3은 운전자가 핸들을 잡지 않아도 되지만 시스템이 작동하지 못

하면 운전자가 직접 개입해야 한다. 그런데, 운전자가 어떤 상황에 개입해야 하는지 기준이 모호한 상황이다.

환경 분야

재활용 선별 AI 로봇, 수퍼빈의 네프론

수퍼빈은 빅데이터 기반 인공지능과 로보틱스를 활용해 쓰레기 문제를 해결하는 기업으로 재활용 가능성을 판단하는 인공지능 로봇인 '네프론'을 개발했다.

네프론은 인공지능과 사물인터넷을 접목한 재활용 횟수 로봇으로, 노폐물을 걸러내는 콩팥을 구성하는 가장 작은 단위인 네프론에서 이름을 따왔다고 한다. 사람들이 페트병이나 캔을 자판기에 투입하면 인공지능이 활용 가능 여부를 판단해 삼키거나 뱉는다. 삼키면 포인트가 휴대전화 번호로 적립되며, 얼마 이상의 포인트 적립 시 홈페이지를 통해 본인명의 계좌로 환급해준다.

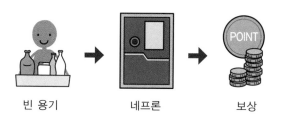

빈 용기　　　　네프론　　　　보상

네프론의 비즈니스 모델

수퍼빈은 네프론을 통해 수거한 재활용 가능 페트병을 중간 가공물로 만들어 재활용업체나 석유 화학회사에 판매하여 수익을 창출한다. 자원이 재활용되는 순환 경제에서는 재활용 쓰레기를 수거하는 플랫폼이 중요한데, 수퍼빈은 인공지능 기술을 활용해 재활용 가능 여부를 판단함으로써 재활용 작업의 효율성과 효과성을 높였다. 사람의 손으로 일일이 순환 가능 폐기물을 선별하던 노동집약적 과정을 인공지능을 활용해 정확하게 선별함으로써 재활용 폐기물 선별 및 분리수거에 정확도와 편리함을 높인 점이 네프론의 가치가 되겠다.

복지 분야

장애인을 위한 수화 서비스

언어장애인과 대화하기 위해서는 수화를 사용해야 하지만, 대부분 사람은 수화를 모른다. 이러한 의사소통의 문제를 인공지능으로 해결하려는 시도가 있다. 로체스터 공대의 미래일상기술연구실Future Everyday Technology Lab은 미국식 수화를 텍스트로 바꿔서 동영상 화면을 통해 볼 수 있도록 컴퓨터 비전과 머신러닝, 임베디드 시스템을 이용하고 있는데, 청각장애인이나 난청이 있는 사람과 스카이프, 구글 행아웃을 통해 대화할 수 있도록 지원한다.

국내 이동통신사도 인공지능을 활용해 청각장애인의 음성서비스를 제공한 바 있다. 광고 영상에는 태어나자마자 청력을 잃은 언어장애인 김소희 씨와 그 가족이 등장한다.

'제 이름은 김소희입니다' 광고 및 메이킹 영상 [44]

해당 기업은 인공지능 음성합성 기술을 이용해 김소희 씨의 목소리를 찾는 작업을 시작했다. 스튜디오에서 김소희 씨의 어머니와 언니, 자녀가 여러 개의 문장을 읽도록 해서 인공지능 데이터 세트를 만들고, 김 씨의 성대 구조를 분석하고 데이터 세트를 바탕으로 인공지능에 학습을 시켜 가장 근접한 목소리를 만들어냈다. 이를 토대로 김소희 씨는 평소 가족에게 하고 싶었던 말을 자신의 목소리로 직접 전달할 수 있었다. 이제 스마트폰에 문자를 입력하면 자신의 음성으로 글을 읽어주는

44 출처 및 영상 자료: https://youtu.be/A2YSy-9LOmA

서비스를 통해 장애인들도 타인과 자유롭게 소통할 수 있는 날이 올 것으로 기대된다.

노인 돌봄 서비스

고령화로 노인 인구가 늘면서 돌봄 서비스 수요는 증가하고 있으나 돌봄 인력은 크게 부족하다. 이러한 상황에서 인공지능은 데이터 기반의 위험 예측과 수요 맞춤을 통해 돌봄 업무의 부담을 낮추고 독거노인의 건강관리와 사회적 고립감 완화를 지원할 수 있을 것으로 기대된다.

케어프리딕트CarePredict는 인공지능을 이용해 고령층의 일상생활 패턴을 찾고 건강 악화를 예측할 수 있는 이상치를 탐지하는 서비스를 제

케어프리딕트가 제공하는 웨어러블 디바이스와 앱 서비스 [45]

<hr>

45 출처 및 영상 자료 : https://youtu.be/JYpRIlRpyMY

공하는 기업이다. 케어프리딕트가 출시한 '케어프리딕트 홈'은 고령자를 위한 예방 의료 솔루션으로, 인공지능 기술을 적용한 시계 형태 웨어러블 기기를 통해 노약자의 수면, 식사, 배변, 걷기, 앉기 등 일상생활 데이터를 수집한다. 인공지능은 수집된 데이터를 분석하여 개인의 고유한 생활방식을 파악하고, 평소 생활방식과 다른 이상 데이터가 발생하면 가족 등 돌보는 사람에게 경고 메시지를 보내며, 화장실 사용 시간, 좌식 활동 시간 등을 토대로 건강 이상이나 우울증을 예측할 수 있다. 이 기업은 2년 연속 CES 혁신상을 수상한 바 있다.

인튜이션 로보틱스Intuition Robotics는 고령자를 위해 제작한 로봇 엘리큐ElliQ를 출시했다. 엘리큐는 집 안에 있는 노인에게 약물복용 시간이나 약속 시각을 알려주며, 장시간 TV 시청 후 산책을 하도록 조언하는 개인비서 역할을 하고 있다. 다른 로봇과는 다르게 귀엽고 정감있게 생겼는데, 언뜻 보면 영화 '가디언즈 오브 더 갤럭시'에 나오는 그루트 같기도 하다. 소리를 듣고 끄덕이는 움직임을 통해 상대방과 소통하고 공감하는 듯한 모습을 보여주고 있는데, 이는 노인과의 유대관계 형성에 크게 도움이 된다고 한다. 상대방의 성격과 선호도, 습관을 파악하고 이를 학습하여 고령자의 요구에 맞도록 기능을 개선해 나간다는 점에서 인공지능 기반 제품으로 볼 수 있다. 독거노인의 심리적 불안감과 외로움은 치매에 걸릴 가능성을 높인다. 인공지능 돌봄 로봇과 인공지능 스피커는 대화와 노래, 방송 등 다양한 정보 제공을 통해 노인의 외로움을 달래주고 안전하게 보호하는 데 이바지할 것이다.

엘리큐의 모습 [46]

　인공지능을 산업현장에 적용하는 데에는 여러 가지 장애물이 존재한다. 특히 프라이버시와 관련된 윤리적인 문제가 발생하면 잘나가던 기업도 한순간에 사라질 수 있다. 의료 데이터가 유출되는 것은 가장 심각한 상황이며, 앱으로 서비스를 제공하는 경우 소프트웨어 테스트 및 취약점 분석을 통해 정보 유출이 발생하지 않도록 유의해야 할 것이다.

유통 분야

　유통 분야의 최대 이슈는 고정비 상승과 고객관계관리의 어려움이다.

46　출처 및 영상 자료: https://youtu.be/jsffC2gWCow

첫 번째, 고정비 문제이다. 최근 온라인과 오프라인의 전쟁에서 온라인이 유리한 고지를 점하고 있다. 오프라인 매장을 운영하기 위해서는 많은 자원이 필요하다. 부지가 있어야 하고 매장을 지어야 하고 제품을 진열할 수 있는 장치를 갖춰야 하고 제품을 진열하기 위한 직원이 있어야 한다. 또한 주차장이 필요하고, 제품 계산하기 위해 수납원과 POS가 필요하다. 이처럼 매장을 하나 운영하는데 많은 인력과 장치가 들어가는데, 갑자기 매출이 줄어든다고 하더라도 그 매장을 운영하지 않을 수 없으며 매장을 폐쇄하는 일은 쉬운 일이 아니다. 그러한 상황에서 반드시 고민해야 할 부분이 바로 고정비 문제로, 최근에는 인공지능을 이용해서 고정비를 최적화하는 시도들이 이뤄지고 있다.

두 번째, 점점 느슨해지는 고객관계관리이다. 지금까지는 기업들이 쌓아놓은 로열티 덕분에 안정적으로 지속 성장을 이어갈 수 있었다. 그런데 요즘 유통 분야의 큰손으로 불리는 2030 세대의 제품 소비 패턴을 보면 과거와는 크게 다르다. 2030, 더 나아가 40세대까지 보면 영리하게 소비한다. 내가 로열티를 가진 브랜드라도 내 요구를 충족하지 못하면 금세 다른 브랜드로 전환한다. 즉, 고객이 느끼는 효익은 점점 줄어들고, 기업이 소비자의 만족을 계속 유지하는 것이 점점 어려워지고 있다. 이런 문제 상황에서 우리가 생각해 볼 수 있는 해법은 데이터 기반 맞춤형 서비스를 통해서 고객의 만족감을 극대화하는 것과 매장 운영의 효율을 극대화함으로써 생산성을 향상하는 것이다.

오프라인과 온라인의 각기 다른 고민을 들여다보자.

먼저 오프라인 매장은 쇼핑에 대한 패러다임이 오프라인에서 온라인으로 전환되면서 효율 문제가 발생하고 있다. 매장을 운영하기 위해서는 공간, 인원, 상품과 같은 다양한 자원이 필요한데, 인터넷 쇼핑몰의 급성장과 전염병 유행, 폭우나 황사와 같은 기상 이변으로 매장을 찾는 손님이 줄어들면서 매출이 점점 줄어드는 반면, 인건비 등 고정비에 대한 압박은 커지고 있다. 이러한 상황에서 고정비를 통제하는 일은 매우 중요하다. 하지만 고정비를 줄이자고 직원을 쉽게 해고할 수 없다. 그렇기 때문에 직원이 수행하는 업무 효율성을 높여야 하는데, 이를 위해 매장을 방문한 고객의 객단가를 높여야 한다. 즉, 매장에 방문한 고객이 최대한 많은 제품을 구매할 수 있도록 판매 기회의 손실 상황을 최소화해야 하며, 이를 위해 제품이 품절이거나 가격이 비싸서 구매를 포기하는 상황을 미리 방지해야 한다. 대형매장의 경우 구색과 진열, 적정 재고를 맞추는 것이 중요하다. 잘 팔리는 제품은 큰 공간에 전진 배치하고 안 팔리는 제품을 진열 장소를 최소화해야 한다. 여기에 인공지능 기술을 적용할 경우, 제품에 대한 수요 예측을 통해서 적정 재고를 유지할 수 있고, 적정 가격을 결정할 수 있으며, 제품 구색을 최적화할 수 있다.

다음은 온라인 매장 관련 문제를 살펴보자. 인터넷 쇼핑몰이 급성장하고 있지만, 누구나 쇼핑몰을 할 수 있게 되고 경쟁이 심화되면서 온라인 쇼핑몰을 통해 충분한 매출과 수익을 내는 것이 점점 어려워지고 있다. 쇼핑몰 입장에서 최악의 상황은 고객이 막판에 제품 구매를 포기하거나, 교환 환불 건수가 증가하거나, 아예 쇼핑몰과의 관계를 단절하는 경우인데, 원하는 제품을 찾지 못하고 교환 환불을 여러 번 요청하는 불편한 경험을 하게 되면 고객들은 금세 다른 사이트를 찾아 떠난다.

인공지능을 이용해 이러한 문제를 효과적으로 해결한 국내 기업의 사례를 살펴보도록 하자.

P사의 인공지능 기반 개인 스타일링 서비스

이 기업은 인공지능을 이용해 개인에게 스타일링을 해준다는 콘셉트로 시장에 이름을 알리기 시작했다. 회원 가입 과정에서 신체 치수, 좋아하는 색상, 어떤 용도의 옷을 주로 구매하는지 등을 질문하여 고객이 선호하는 스타일을 파악한다. 이를 통해서 고객 취향과 신체 정보를 기본값으로 설정할 수 있다. 이렇게 초깃값이 채택되면 인공지능과 전문 스타일리스트가 고객에게 어울릴 만한 의류를 몇 가지 선별해서 고객의 집으로 배송해준다. 고객은 배송된 몇 벌의 옷을 받아 본 후 마음에 들지 않는 의류는 반품하고 마음에 드는 것만 선택할 수 있다. 고객 입장에서는 여러 옷 중에 자신에게 어울리고 평소 선호하는 스타일의 옷을 편안하게 고를 수 있다. 고객들이 이러한 자유를 맘껏 누리도록 하고, 충분한 데이터를 얻기 위해 반품에 따른 배송비를 받지 않는다. 이러한 전략을 통해 쇼핑몰은 객단가를 높일 수 있고 맞춤형 서비스를 위한 충분한 데이터를 확보할 수 있다.

그렇다면 해당 사이트가 제안하는 맞춤형 서비스는 어떤 식으로 가능할까? 상상의 나래를 펴보자.

키 170cm에 몸무게가 58kg인 여성이 있다. 이 여성은 전문직에 종사하고 있으며, 남색 계열을 좋아한다. P사에서는 여성 고객이 좋아할 만한 옷을 다섯 벌 정도 보냈는데 발송한 A, B, C, D, E 중에서 A를 선택했다. 유사한 신체 구조에 비슷한 스타일을 추구하는 다른 여성한테도 똑같이 다섯 벌의 옷을 보냈더니 이 여성 역시 A를 선택했다. 이러한 결과가 반복되면 '키 170cm 전후에 58kg 정도의 체격이고, 직장을 다니는 여성이며, 남색 계열을 선호하는 여성들은 A 스타일을 선호한다.'라는 가정을 세울 수 있다. 이후 비슷한 신체 요건과 스타일을 선호하는 고객한테 A 스타일의 옷을 추천해주고 발송해주면 해당 제품을 선택할 가능성이 커진다는 것이 제품 추천 서비스의 기본 알고리즘이다.

처음에는 시행착오의 과정이 있겠지만, 충분한 데이터가 쌓이고 추천 서비스를 위한 알고리즘이 고도화되면 고객의 성향에 딱 맞는 옷을 추천할 수 있게 되면서 고객의 만족감과 쇼핑몰에 대한 충성도는 높아질 것이다.

교육 분야

에듀테크란 교육Education과 기술Technology의 합성어로 교육 시장이 당면한 문제를 IT 기술로 풀어보려는 시도에서 시작되었다. 2016년 CES에서는 지능형 자동차, 핀테크, 공유경제 등과 함께 미래 기술 12가지 중 하나로 선정될 만큼 성장 전망이 큰 산업으로 손꼽히고 있다.

에듀테크는 실감화, 연결화, 지능화의 방향으로 발전해 나갈 것으로 전망되고 있다. 이중 지능화는 인공지능과 빅데이터를 활용하여 개인의 특성을 파악한 후 맞춤형 교육을 제공하고 교수법 및 학사행정 관리를 자동화하고 지능화하는 것을 말한다. 가령, 인공지능과 빅데이터 분석기술을 활용하면 학습자의 학습패턴과 선수학습 수준을 고려하여

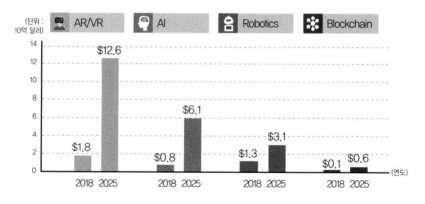

교육산업의 혁신을 이끄는 기술 [47]

---

47   출처: Holon IQ(2019)

맞춤형 강의를 제공할 수 있으며, 이를 통해 학습자의 성취도와 만족도는 높이고 중도탈락 위험은 낮출 수 있다. Holon IQ의 보고서에 따르면, 인공지능은 VR/AR, 블록체인과 함께 교육산업의 혁신을 이끌 것으로 예상된다.

교육 서비스에 인공지능 기술을 적용해 투자유치 및 시장 창출에 성공한 사례는 다음과 같다.

영어 온라인 교육 업체, VIPKID

VIPKID는 중국의 대표적인 에듀테크 기업으로 북미 지역의 외국인 교사가 온라인 화상을 통해 영어를 가르치는 서비스를 제공하고 있다. VIPKID는 인공지능 기술을 접목하여 학생에게 맞춤형 교육을 제공하면서 시장을 확대해나가고 있으며, 에듀테크 분야의 대표적인 유니콘 기업으로 자리를 잡았다.

VIPKID의 수업은 온라인으로 이뤄진다. 수업이 진행될 동안 웹캠으로 학습자 얼굴을 촬영하고, 얼굴 내 60여 개 지점을 분석하여 학습자의 집중도, 흥미도, 이해도를 지수로 산출한다. 분석 정보는 교수자와 학부모에게 전달되며, 수업에 대한 집중도와 흥미도가 낮다고 판단되면 수업 내용을 바꾸어 주기도 한다. 학생에게 부족한 부분[어휘, 문법, 악센트 등]이 무엇인지를 분석하여 교사에게 제공함으로써 교사의 1:1 지도를 돕는다.

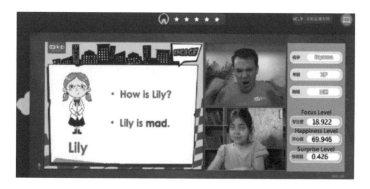

VIPKID의 인공지능 분석기술

    기계가 어떻게 인간의 표정을 읽을 수 있을까? 머신러닝 기술은 사람의 목소리나 표정을 통해 상대방의 기분 상태를 예측하도록 도와준다. MS가 추진하고 있는 프로젝트 옥스퍼드Project Oxford는 사진 속 인물의 표정을 분석하여 감정을 지수로 나타내주는 시도를 하고 있다. 홈페이지에 로그인하여 사진을 올리고 사람 얼굴에 마우스를 올리면 분노, 경멸, 불쾌, 공포, 행복, 무관심, 슬픔, 놀라움 등 8가지 감정이 수치화되어 나타난다.

MS가 추진하고 있는 표정 인식 프로젝트

디즈니는 캘리포니아 공대와 함께 신경망 기술을 적용한 딥러닝 소프트웨어를 이용해 관람객의 표정을 인공지능으로 분석하여 영화의 흥행 가능성을 예측하는 프로젝트를 수행한 바 있다.

인공지능 문제풀이 서비스, 콴다

콴다^{QANDA}는 국내 에듀테크 기업인 매스프레소에서 개발한 인공지능 문제풀이 서비스이다. 2016년에 서비스를 시작하여 2021년 기준 3,000만 건의 다운로드를 돌파했으며, 현재 초중고 학생 3명 중 한 명꼴로 서비스를 이용할 만큼 큰 인기를 얻고 있다.

콴다라는 이름은 질문과 답변을 뜻하는 'Q&A'를 영문 그대로 풀어쓴 이름이다. 학생이 수학 문제의 답이나 풀이 과정을 모를 때 문제를 찍어 올리면, 광학문자 인식 기술이 촬영

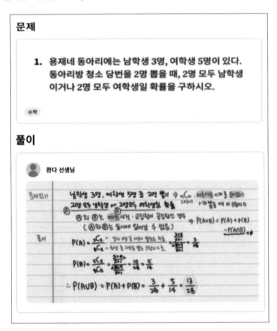

콴다에 올라온 문제에 대한 선생님의 답변 내용 [48]

---

48   출처: https://qanda.ai/ko/solutions/VpCtmhJ1DA

된 문제를 스캔하여 5초 내로 답이나 풀이 과정을 알려준다. 물론, 기존 DB에 없는 문제는 선생님에게 직접 질문해서 답을 얻을 수 있다.

콴다의 서비스에는 인공지능 기술이 이용된다. 카메라로 촬영한 문제를 인공지능을 이용해 인식한 후 500만 건에 달하는 DB에서 풀이를 찾아내 학생에게 제공한다. 학생마다 각기 다른 필체를 정확히 인식하는 기술이 서비스의 품질을 좌우하는 중요한 요소이다.

법률 분야

2019년 한국에서는 '알파로 Alpha Law'라는 이색 경진대회가 열렸다. 변호사만 구성된 팀과 인공지능이 참여한 팀으로 나누어 제한 시간 내에 근로계약서상의 문제를 찾는 대결이었는데, 인공지능과 함께 출전한 팀이 1등부터 3등까지 독식했다.

이 경진대회는 문서를 읽고 문제를 빠르게 분석하는 게 관건이었다. 변호사들은 문제를 읽고 분석하는 데 30분 정도의 시간이 걸렸지만, 인공지능 팀은 10초 이내에 분석 결과를 내놓았다. 법률 분야의 경우 문서작업이 많은데, 이때 인공지능이 필요한 정보를 찾아내고 법률문서 작성을 도와준다면 법률문서 작성에 드는 시간과 비용은 크게 줄어든다. 이러한 분야를 일컬어서 '리걸테크'라고 칭한다. 리걸테크 Legaltech란 'Legal' + 'Technology' 합성어로 기술을 활용해 법률서비스의 정확도와 능률을 높이는 서비스를 말한다.

리걸테크 분야는 크게 다음과 같이 구분될 수 있다.

- 검색 분야 : 사용자가 원하는 정보를 찾는 서비스로, 변호사 검색, 법령/판례 검색, 증인/증거 검색, 행정절차/소송절차 안내, 사무자 동화 서비스 등이 여기에 포함됨
- 분석 분야 : 사건분석이나 장래 법률행위를 예측하는 서비스로, 재범 가능성 예측, 행정처분 예측, 소송 결과 예측, 입법정보 분석, 특허정보 분석 서비스 등이 여기에 포함됨
- 작성 분야 : 법률문서 작성을 대신 하는 기술로, 계약서 작성, 소송 외 서류 작성, 소송 서류 작성, 산업재산권 출원 관련 서류 작성 등이 여기에 포함됨

자료 검색과 분석, 문서 작성은 인공지능이 강점을 가지는 분야로, 리걸테크 역시 인공지능의 도움을 받아 크게 성장할 수 있는 분야로 손꼽힌다.

범죄 분석 AI, 컴파스

인공지능 기반 리걸테크의 대표적인 예로 미국의 컴파스COMPAS를 들 수 있다. 컴파스는 폭력범인 피고인의 재범 가능성을 분석하는 인공지능으로, 사건을 분석하고 판결을 예측해 의사결정의 판단자료를 제공한다. 아직 발생하지 않는 범죄 발생 가능성을 미리 판단한다는 점에서 영화 '마이너리티 리포트'와 비슷하다.

AI 판사 : "홍길동 씨는 재범 확률이 높아 구속해야 합니다."

2013년 미 대법원은 한 피고인의 항소에 컴파스가 제공한 분석을 참고하여 "검사가 중형을 구형한 것이 부당하다는 피고인의 항소에 대해 컴퍼스의 보고서는 가치 있는 정보를 제공했으며, 인공지능을 근거로 한 선고 역시 타당하다"라고 판시함으로써 인공지능의 판단에 힘을 실어주었다. 이러한 사례는 미래 인공지능 판사의 가능성을 보여주고 있다.

AI 변호사, 리걸 줌

법률 서류 작성을 지원하는 리걸테크 중 리걸 줌^{Legal Zoom}이 있다. 일정 비용만 내면 고객에게 맞는 변호사를 선정하여 선임해주는 서비스로, 인공지능을 활용해 복잡해 보이는 법률 서식 작성을 DIY^{Do It Yourself} 방식으로 지원한다. 즉, 시스템을 이용해 유언장 작성이나 상속재산 신탁 등 각종 법률서식 작성을 지원하고 있는데, 리걸 줌을 이용하면 건당 500~6,000달러 수준인 기업 법률 자문 비용을 150달러에서 350달러 수준까지 줄일 수 있다. 리걸 줌은 변호사를 따로 둘 여력이 없는 개인이나 중소기업에 매우 유용한 서비스가 될 것으로 기대된다.

AI 행정 서비스, 두낫페이

AI 챗봇을 이용한 법률서비스로 두낫페이^{DoNotPay}가 있다. '돈을 낼 필요가 없다'라는 이름에서 알 수 있듯이 이는 행정기관이 부과한 과태료나 수수료에 대한 취소 청구를 지원해주는 서비스다. 해당 서비스가 탄생한 배경이 아주 흥미롭다. 개발자는 자신이 지속해서 주차위반 과태료를 부과받자, 행정기관에 지속해서 항의하였고 그 과정에서 터득한 법률 지식을 공유하기 위해 두낫페이를 개발했다.

AI 채팅봇과의 대화를 통해 부당한 과태료나 수수료에 대한 취소 청구 업무를 간편하게 수행할 수 있고, 실제로 취소 청구가 받아들여지는 성과를 거두면서 활용도가 높아지고 있다. 다음은 '두낫페이'에서 제공하는 서비스 종류와 주차 과태료에 관한 상담이 이뤄지는 채팅 화면이다.

두낫페이에서 제공하는 서비스

리걸테크를 구현하기 위해서는 알고리즘 개발과 법령정보의 DB화, 빅데이터 분석기술이 요구된다. 법령ㆍ판례 등의 법령정보를 토대로 지식 베이스를 구축하고 이용자의 요구를 판단하고 요구를 기반으로 분석하는 알고리즘을 정교화함으로써 신속 정확한 법률서비스를 제공할 수 있다. 각종 법률 데이터와 관련 판례를 넣고 이를 머신러닝으로 분석해 변호사들이 담당하는 사건에 도움이 될 만한 내용을 전달해준다면, 변호사에게도 도움이 되지 않을까? 동시에 인공지능 변호사가 인간 변호사의 일자리를 빼앗지 않을까?

인공지능 변호사는 이미 현업에서 일하고 있다. 미국 대형 법무법인인 베이커앤드호스테틀러에서는 2016년에 로봇 변호사인 '로스Ross'를 채용했다. 로스는 실리콘밸리 스타트업인 '로스 인텔리전스ROSS Intelligence'가 IBM의 인공지능 플랫폼인 왓슨을 기반으로 제작한 인공지능으로 1초에 10억 장이 넘는 문서를 검토할 수 있다. 로스는 초보 변호사가 담당하는 관련 판례 수집과 분석, 분석 결과를 정리하는 일을 수행하고 있다.

인간 변호사가 하는 일의 일부를 인공지능이 대신해준다면 변호사는 무엇을 해야 할까? 판단은 인공지능이 해주더라도 중재는 여전히 인간의 역할이 중요한 영역이다. 법률적으로 이견이 있는 쌍방 당사자를 설득하여 만족할 방안을 찾는 ADR화해, 조정, 중재 업무는 인공지능이 수행하기 힘든 인간 고유의 영역으로 남을 것이며, 이를 통해 더 많은 중재가 이뤄질 것으로 기대된다.

AI 준법감시 서비스, 비헤이복스Behavox

여러분이 상사로부터 다음과 같은 내용의 채팅이나 메일을 받았다고 가정해 보자.

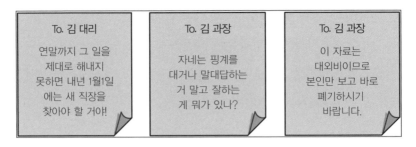

메일에 담긴 위법적 메시지

과거에는 메일이나 메신저를 통해서 이런 대화를 나누어도 크게 문제 되지는 않았다. 하지만 지금은 상황이 아주 다르다. 회사마다 직장 내 괴롭힘이나 성희롱, 개인정보 유출이나 사내 기밀 유출이 기업의 근간을 흔드는 매우 큰 위험 요소로 작용하기 때문에 인사 관련 부서에서는 이러한 문제점을 확인하기 위해 여러 가지 노력을 기울이고 있다. 이런 문제를 해결하는데 역시 인공지능의 도움을 받을 수 있을 것이다.

비헤이복스Behavox는 데이터 통합분석을 통한 AI 준법감시 서비스를 제공하는 스타트업이다. 직장 내 비정형화된 데이터이메일/통화/거래/메신저 내역 등를 인공지능이 통합적으로 분석하여 대외비 문서 유출과 저작권 침해 등 위법성 요소를 감지하는 기능을 제공함으로써 기업의 법적 위험을 최소화하도록 도와주고 있다.

비헤이복스 홈페이지 [49]

사람 간의 대화와 같은 비정형 데이터를 분석하기 위해서는 3C를 분석해야 한다. 3C는 'Content', 'Context', 'Communication'으로 사람의 대화 속에 내포된 콘텐츠와 그러한 메시지가 나온 맥락, 상호대화를 통해서 그 대화가 문제가 있는 건지 아닌지를 알 수 있어야 한다는 의미이다.

가령 앞서 사례로 든 "김 대리, 연말까지 그 일을 못 하면 내년 1월 1일에는 새 직장 찾아야 해." 이런 톡이 전체가 모인 온라인 대화방에서 전달이 되었다고 가정해 보자. 그런 대화가 오가는 채팅창 분위기가 좋았고, 상사가 평소에 위트 넘치는 말을 자주 하는 사람이었다면 김 대리가 느끼는 불편함은 덜했을 것이다. 하지만 개개인의 성과를 하나하

---

49   출처 : https://www.behavox.com/products/compliance/

나 확인하면서 저성과자를 압박하는 그런 상황에서 저런 말이 나왔다면 이는 일종의 협박으로 들릴 것이다. 그런데 문제는, 정작 이런 말을 하는 사람은 문제의 심각성을 전혀 모른다는 것이다. 이 경우 인공지능을 사용하면 쉽게 감지할 수 없는 이상 패턴을 찾아낼 수 있다. 가령, 내가 말을 할 때는 별문제를 못 느꼈는데 여러 가지 맥락으로 볼 때 오해의 소지가 충분한 발언들을 인공지능이 분석해서 알려주면 뒤늦게 내가 뭔가를 잘못했는지 알 수 있게 되고, 주의하게 될 것이다.

이 기업은 80개 이상의 알고리즘과 직관적인 머신러닝을 기반으로 음성과 텍스트 데이터로부터 다양한 정보와 인사이트를 끌어내고 있다. 부적절한 언어에서부터 차별, 괴롭힘, 왕따, 부정 등 조직 내 문제를 찾아주고 있는데, 문제가 발생하기 전에 행동을 개선해주는 것을 도와준다. 인공지능에게 지적을 받는다면 기분 나쁠 수 있겠지만, 나중에 가서는 인공지능에게 고마운 마음이 들 것이다. 징계나 고발의 대상이 되는 것을 미리 막아주기 때문이다.

의료 분야

의료 분야에서는 의료 데이터 수집과 제공, 신약 개발, 환자 보조에 인공지능 기술이 적용되고 있다.

AI 의사, 왓슨

　최근 인공지능의 의학 분야에서의 활용도 늘어나고 있다. 주로 이미지 형태의 의료 데이터를 분석 및 판독하는 인공지능 서비스와 의료 데이터를 감시하여 질병을 예측하는 인공지능 서비스가 이미 상용화된 지 오래다.

　왓슨은 의료 분야에서도 큰 성과를 거두고 있다. 환자의 성별, 질병 등 특성을 입력하면 그에 알맞은 치료법을 의학적 근거를 토대로 제시해주고 있으며, 암 발견과 암 환자 치료에 이바지하고 있다. 우리나라에서는 2016년에 가천대학교 길병원이 왓슨 포 온콜로지Watson for Oncology를 최초로 도입하여 암 진료에 활용한 바 있는데 환자와의 소통을 돕고 실수를 줄여주는 측면에서 효과가 있다고 전해지면서 대형 병원에서 왓슨을 도입하였다.

　그러나 의료 현장에 왓슨을 도입한 후 꽤 오랜 시간이 흘렀지만, 진단의 정확도는 의료진보다 떨어지며, 일반적인 수준의 의사결정만 지원함으로써 의료진에게 새로운 정보나 통찰력을 제공하지 못한다는 지적이 있다. 발병 원인은 다양한 변수로부터 영향을 받는데, 왓슨을 학습시키기에 데이터가 부족했을 것으로 예상된다. 인공지능이 의사를 지원하거나 대신할 수준에 이르기까지는 더 많은 준비와 노력이 필요할 것이다.

의료 영상 분석 AI, 루닛

실리콘밸리의 벤처투자가인 비노드 코슬라^{Vinod Khosla}는 '미래에는 80%의 의사가 첨단 기술로 대체될 것'이라는 주장으로 논란의 중심에 섰던 인물이다. 의학계에서는 이 같은 주장에 냉소를 지었지만, 실리콘밸리의 투자자들은 의학 분야의 인공지능 서비스의 가능성을 인지하고 역량 있는 스타트업에 투자하였다. 그 결과, 정확한 질병 진단을 돕는 인공지능 서비스가 대거 등장하고 있다.

최근 의료 패러다임이 예방 및 진단으로 변하면서 질병을 사전에 검출하는 영상 진단에 대한 수요가 늘어나고 있으나 수요가 증가하는 만큼 진단 오류 또한 증가하고 있다. 폐암 및 유방암 환자도 영상판독에서 암을 발견하지 못해 조기 치료 시기를 놓치는 경우가 있는데, 인공지능 기술이 적용된 의료 영상기기는 진단 알고리즘을 통해 수많은 데이터를 학습한 뒤 환자의 영상을 판독함으로써 의료진이 놓친 문제 부위를 빠르고 정확하게 찾아낸다.

우리나라에서는 의료 인공지능 소프트웨어인 루닛^{Lunit}이 폐암 및 유방암 환자의 영상판독을 인공지능이 도와주는 서비스를 제공하고 있다. 이 소프트웨어의 판독률은 97% 이상으로 인간보다 높은 수치라고 한다.

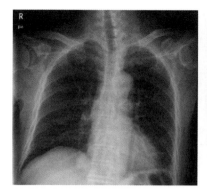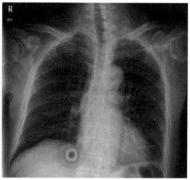

루닛이 인공지능으로 이상 분위를 탐색하는 사진[50]

　인공지능의 판독률이 올라가고 있지만, 아직 완벽한 수준은 아니다. 왓슨의 진단 결과에 대한 맹목적 신뢰로 의사 간, 그리고 의사와 환자 가족 간 갈등이 발생하는 경우도 있다. 또한, 인공지능이 내린 판단을 신뢰할 수 있는가와 관련하여 효용성과 안전성 문제는 여전히 남아 있으며, 인공지능이 개입한 처방이나 수술에서 의료 사고 발생 시 누가 책임을 져야 하는지도 불분명하다. 하지만 분명한 것은 이러한 이슈는 의사들이 개입하는 의료 환경에서도 여전히 존재하는 문제며, 인공지능의 기술적 발전으로 판독률과 활용도가 점점 높아질 것이다.

한국형 AI 의사, 닥터앤서

　닥터앤서Dr. Answer는 정부가 2018년부터 3년간 500억 원의 예산을 투자해 개발한 의료 인공지능 프로젝트이다. 닥터앤서는 '의료 빅데이터

50　출처 : 루닛 홈페이지(https://www.lunit.io)

를 통해 의사의 진단과 치료를 지원해주며 무엇이든 다 대답해주는 AI 의사'를 표방하고 있는데, 닥터앤서 1.0의 성공에 힘입어 2021년부터 닥터앤서 2.0 사업이 착수되었다.

닥터앤서는 뇌출혈 진단, 유방암 발생 위험도 예측, 치매 조기 진단 SW 등 총 21개 인공지능 SW로 구성되며, 인공지능 SW가 8만 개에 달하는 의료 빅데이터를 분석해 대장암, 치매, 소아 희귀난치성 유전질환 등 8개 주요 질환을 빠르고 정확하게 진단해 내고 있다. 실제로 닥터앤서의 알츠하이머 질병 예측률은 94%에 달하며 뇌 MRI 자료 3,800건을 1분 30초 만에 분석해 주는데, 한번 검사에 4시간에서 6시간을 기다려야 하는 기존 방식과 비교하면 매우 놀라운 성과를 보인다.

치매, 알츠하이머, 파킨슨병 등 퇴행성 뇌 질환은 진단이 어렵고 비용이 많이 든다. 진단 방법과 절차가 복잡하고, 육안으로 판별하는 과정에서 정확하게 잡아내지 못하는 경우가 많다. 그러나 딥러닝을 통해

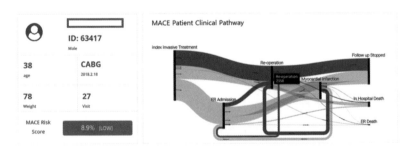

닥터앤서가 제공하는 심혈관질환 재발 예측 솔루션 [51]

---

51   출처: https://dranswer.kr/disease/cardiovascular1.php

뇌 MRI 영상을 정확하게 판독하여 경증 치매도 조기에 정확하게 파악해내고 있다. 모든 질병이 그러하듯 퇴행성 뇌 질환은 조기 진단이 중요한데, 복잡한 검사과정 없이 MRI 촬영만으로도 치매 위험성을 미리 파악할 수 있게 되었다.

닥터앤서는 어떤 가치를 제공할까? 닥터앤서는 진단 정확도 상승, 진단 시간 절약, 의료비 절감을 통해 정부와 병원, 환자에게 고루 혜택을 제공할 것으로 예상된다. 다만, IBM 왓슨의 경우 오랜 기간 학술연구와 임상시험을 통해 충분한 검증이 이뤄지고 관련 데이터가 충분히 쌓였지만, 국내 인공지능 의료현황으로 볼 때 데이터의 양과 질이 충분치 않을 것으로 판단된다. 인공지능 진단은 투입된 데이터를 학습해 이뤄지므로 양질의 의료 데이터를 확보하는 방안이 마련되어야 한다.

신약 개발 AI, 베네볼런트 AI

베네볼런트AI^{Benevolent AI}는 데이터를 기반으로 신약을 개발하고 처방 프로그램을 설계하는 의료 기업이다. 기업 홈페이지에 가보면 "AI-Driven Drug Discovery"라는 캐치프레이즈가 보이는데 베네볼런트AI의 비즈니스 모델을 잘 보여주고 있다. 베네볼런트AI는 임상실험 결과, 학술자료 등 의료 빅데이터 분석에 인공지능 기술을 적용하고 있으며, 신약후보물질을 활용하여 질병 치료나 예방을 위한 신약과 처방 프로그램을 설계하고 있다.

베네볼런트AI는 존슨앤존슨과 라이선스 계약을 체결하고 신약후보 물질을 활용한 신약 개발 및 설계, 상품화를 진행하였고, 아스트라제네카 사와 만성신부전 관련 치료프로그램을 개발하고 있다. 베네볼런트 AI는 신종 질병 치료약물을 식별하기 위해 8년 정도 걸리던 기간을 빅데이터 및 인공지능 기술을 이용해 1주일로 단축하였으며, 영국의 대표적인 유니콘 기업으로 평가받고 있다.

베네볼런트AI의 비즈니스 포트폴리오 [52]

2013년 영국에서 설립된 바빌론 헬스Babylon Health는 스마트폰 앱 기반 인공지능 원격의료 서비스를 제공하는 시가총액 20억 달러 규모의 유니콘 기업이다. 바빌론 헬스는 회사 이름을 고대 도시 바빌론에서 가져왔다고 하는데, 바빌론에서는 의학적 조언이 필요한 시민들을 대상으로 마을 광장에서 질병 치료 방법에 관한 정보를 공유했고 덕분에 바빌론 사람들은 긴 수명을 즐길 수 있었다고 한다.

52　출처: https://www.benevolent.com/about-us

바빌론 헬스는 인공지능을 기반으로 챗봇 서비스, 영상 및 음성 통화 기반 원격진료 서비스, 모바일 앱을 통한 건강관리 서비스를 제공한다.

환자는 앱을 통해 질병 예방과 만성질환 관리를 위한 문진 서비스를 받을 수 있고 의사와 화상 통화, 음성 통화, 문자 등 다양한 방법으로 원격진료를 받을 수 있으며, 약국에서 처방약을 배송받을 수 있다.

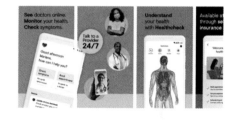

앱스토어 내 바빌론 헬스 앱 [53]

부동산 · 건설 분야

부동산 IT 서비스, 프롭테크

전통적인 로테크 영역으로 인식되던 부동산 비즈니스에서도 인공지능이 중개인을 대체하는 상황이 벌어질 것으로 예상된다. 이는 프롭테크의 성장에 기인한다.

53　출처 및 영상 자료: https://youtu.be/OiVibM2jPRc

프롭테크proptech란 '부동산property'과 '기술technology'을 합친 말로 기존에는 인터넷 부동산 시세 조회, 중개 서비스 정도를 제공했지만, 최근 들어 인공지능, 빅데이터, AR 등 첨단 기술을 활용해 온라인 매물 조회와 거래 중개 서비스를 맞춤형으로 제공하고 있다.

주요 비즈니스 모델을 살펴보면 판매자와 구매자, 임대인과 임차인을 연결하는 매물 중개 플랫폼, 빅데이터와 인공지능으로 부동산의 가치를 평가해주는 밸류에이션 서비스, 직접 방문 없이 매물을 실감 나게 볼 수 있는 VR/AR 솔루션 등이 있다.

우리나라에서는 직방, 다방, 플렉시티가 프롭테크의 대표 기업이며, 전 세계적으로는 미국의 질로우Zillow가 가장 성공한 프롭테크로 평가받고 있다.

부동산 거래 플랫폼, 질로우

2006년도에 설립된 질로우Zillow는 부동산 매매나 임차 정보를 제공하는 부동산 거래 플랫폼으로, 2019년도 기준 매출액은 3조 원에 달한다. 질로우는 미국 내 3,000여 개 도시의 공공 데이터를 바탕으로 집값을 실시간 산출하여 집값 정보를 제공하고 있다. 질로우를 통해 구매자는 원하는 조건의 집을 쉽게 선택할 수 있고, 판매자는 빠르게 집을 처분할 수 있으며 구매자와 판매자 모두 거래비용과 시간을 아낄 수 있는데, 여기에 머신러닝 기술이 적용되고 있다.

질로우의 경쟁력은 풍부한 정보와 정보의 신뢰성에 있다. 질로우는 재산세, 범죄율, 학군 정보 등등의 공공 데이터와 주택 소유주와 부동산 중개업자가 플랫폼에 올리는 방대한 자료를 분석 및 조합해서 사용자에게 꼭 필요한 정보를 제공하고 있다. 또한 허위매물 정보가 적다는 것이 장점으로 평가되고 있다.

질로우의 두 번째 경쟁력은 입증된 알고리즘에 있다. 질로우는 머신러닝을 기반으로 주택 가격 산출의 정확도를 높여가고 있다. 질로우의 평가 가격과 실제 거래의 가격 차이가 크지 않아서 질로우가 산출한 가격이 거래의 기준점이 될 정도이다. 질로우는 매물 가격, 위치, 방 개수, 시설 등 부동산 건물, 물건의 세부 정보와 이용자 정보, 물건에 대한 클릭 수, 즐겨찾기 등록 건수 등등 사용자의 평가 정보를 조합해서 개개인에게 적합한 물건을 추천하고 있는데, 이를 위해서 필터링과 키워드 추천 방법을 이용하고 있다. 유사 항목 필터링 기반 매물 추천은 유사한 요구를 가진 사용자가 기존에 선택한 것과 비슷한 매물을 추천하는 방식이다. 가령 방이 4개고 바비큐가 가능한 정원이 딸린 안전한 단독주택을 매입길 원하는 고객이 있다고 가정해 보자. 이미 거래가 성사된 건 중에 이 고객과 유사한 요구를 가졌던 고객이 선택한 매물과 가장 비슷한 매물을 추천해주면 고객이 그 매물을 선택할 확률은 높아질 것이다.

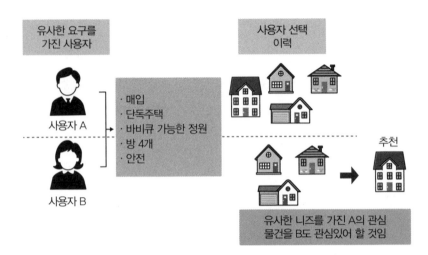

유사 항목 필터링을 이용한 매물 추천

키워드 기반 맞춤형 추천은 명확한 요구를 가진 사용자에게 부합하는 매물을 순차적으로 추천하는 방식이다.

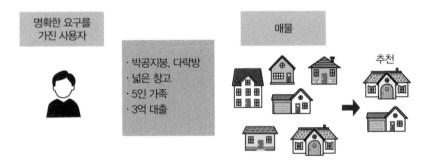

키워드를 이용한 맞춤형 추천

추천 알고리즘의 고도화 이면에는 머신러닝이 있다. 질로우는 기존 데이터로 컴퓨터를 학습시켜 이용자에게 적합한 추천 알고리즘을 개발하였다. 새로운 매물과 매물 구매 희망자가 플랫폼에 올라오면 이 알고리즘으로 적합한 매물을 선정하여 추천한다. 질로우가 추천한 매출에 대해 이용자는 관심, 무관심, 구매 희망으로 의사 표시를 하며 이 정보를 토대로 기존 알고리즘을 보완하여 최적화함으로써 플랫폼의 추천 성공률은 상승하게 될 것이다. 만약 구글이나 애플과 같은 공룡 기업이 프롭테크에 도전장을 낸다면 질로우를 금세 따라잡을 수 있을까? 아마도 그러기 어려울 것이다. 왜냐하면, 질로우는 방대한 빅데이터와 정교한 추천 알고리즘을 가지고 있는데, 이는 쉽게 따라잡기 힘든 기업 고유의 자산이기 때문이다. 어떤 식으로 학습을 해서 어떻게 추천하고 어떻게 모델을 정교화하는지 플로차트로 나타내면 다음과 같다.

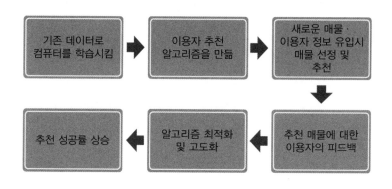

머신러닝 기반 추천 서비스

자동 건축설계 AI, 플렉시티

플렉시티Flexity는 국내 프롭테크 스타트업이다. 이 기업은 토지와 건축물의 용도에 관한 건축 법규를 실시간으로 분석하여 제공하고 있으며, 개발 수익을 극대화하는 3차원 설계안과 사업성 검토 리포트를 제공하고 있다.

주요 고객은 건축사사무소와 부동산 개발사로 사업성 검토 및 기획설계에 걸리는 시간을 큰 폭으로 줄여준다. 플렉시티의 경쟁력은 자동건축설계 엔진에 있다. 이와 비슷한 사업을 하고 있는 사이드워크 랩스Sidewalk Labs는 구글로부터 투자를 유치할 만큼 우수한 기술력을 갖추고 있다. 이 기업은 인공지능 기반 도시설계 솔루션인 '델브delve'를 이용해 단위 수율, 채광, 임대가능 주거지역 비율 등에서 성과를 도출해 건축분야에서의 인공지능 활용의 효과성을 잘 보여주고 있다.

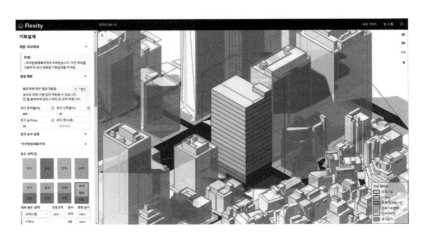

플렉시티가 제공하는 3차원 기획 설계 이미지 [54]

---

54 출처: https://platum.kr/archives/168235

향후 인공지능 기술이 적용됨으로써 정부 개발계획과 주택 수요, 최대용적률과 건폐율을 고려하여 최적의 입지와 건축방식을 추천해주고 예산을 산정해주는 서비스가 등장할 것으로 예상된다.

회계 · 금융 분야

경비지출 통제 AI, 앱젠Appzen

경비지출 보고서와 송장 계약서를 실시간으로 감사하는 솔루션을 제공하는 앱젠Appzen은 자산의 서비스에 인공지능 기술을 적용함으로써 기업 경영의 투명성을 확보하고 불필요한 행정 비용을 절감하는 데 크게 기여하고 있다.

앱젠은 영수증에 표기된 각종 정보를 분석해서 이상 지출을 파악해낸다. 인공지능은 영수증의 주요 정보를 추출해서 중복 결제, 정책 외 지출, 잘못된 금액, 의심스러운 판매자 또는 과도한 지출을 포착하는데, 이를 위해 상호와 구매 시간, 구매금액, 총액 등 영수증 정보를 수천 개의 온라인 정보와 비교 분석한다. 또한, 동일한 비용을 두 번 지출한 것도 잡아내는데, 모든 사람의 비용 지출정보를 분석해서 직원이 제출한 영수증과 동일 또는 유사한 영수증을 식별한 후 동일 건으로 이중 영수증을 발행한 것을 찾아준다.

아래 화면을 보면 두 명이 각각 영수증을 제출했는데 영수증 발행 시간과 구매 액수가 똑같다. 이 경우 이중 발행을 의심하게 되는데 이러한 현상을 사후가 아닌 실시간으로 모니터링 해준다. 그리고 직원들이 승인된 장소에서 돈을 쓰고 있는지도 확인해주는데 인공지능이 수천 개의 온라인 소스를 참고해서 점포의 실제 비즈니스 카테고리를 확인하고, 회사 자금을 사용할 수 없는 점포임을 영수증에 자동으로 표시를 해준다. 즉, 담당자가 일일이 전화하거나 검색할 필요를 낮춰준다. 이처럼 앱젠은 승인되지 않은 특정 판매자를 설정하거나 검색하는 데 매우 유용한 기능을 제공해준다.

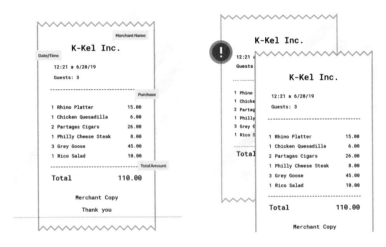

영수증 분석을 통해 정상 집행여부 판단하기

앱젠은 식당에서 과잉 지출하고 있는지 아닌지도 확인해주는데, 인공지능이 해당 식당에서 한 사람당 평균 단가를 검색해서 영수증 금액이 인원수보다 과도하게 지출된 건 아닌지 알려준다. 만약 회의에 참석한 인원은 세 사람인데 15만 원짜리 스타벅스 영수증이 발행되었다면,

개인적으로 커피나 텀블러를 사 가지 않았을까 하는 의심이 들 수 있다. 이처럼 규정과 원칙을 벗어난 경비 집행 확인을 인공지능이 도와준다고 하니, 담당자로 입장에서는 정말 편리할 것이다.

이러한 유사 기능은 기존 경비처리 앱에서도 제공되고 있다. 하지만 인공지능 기술을 적용한 앱은 실시간 검색 결과를 가지고 스스로 학습해서 실시간으로 부정·부실을 탐색해 냄으로써 유사 서비스와 차별화를 이뤄내고 있다.

농업 분야

스마트 농업 AI, 팜와이즈

농업에 인공지능을 적용한 대표적인 기업으로 팜와이즈Farmwise를 들 수 있다.

팜와이즈는 2016년 MIT, 스탠퍼드대, 컬럼비아대 연구팀이 설립한 스타트업으로 인공지능 및 농업 전문가들로 구성되어 있다. 팜와이즈는 컴퓨터 시각화 기술을 활용한 자율주행 트랙터를 개발하여 농업 부문의 경비 절감과 노동력 부족 해소를 위한 대안을 제공하고 있다.

이들이 개발한 자율주행 트랙터는 대형 SUV 크기로 농작물을 해치지 않고 도랑 사이를 이동할 수 있는 정교한 자율주행 GPS 시스템을 활용해 스스로 동작한다. 로봇 동체 밑에는 농작물의 상태를 확인할 수 있는 카메라나 센서가 장착되어 있고, 인공지능이 사진으로 찍은 식물과 잡초를 인식하고 구분해 준다. 잡초를 제거하는 일은 화학 물질이 아니라 호미처럼 생긴 도구를 이용해 물리적으로 진행하기 때문에 환경에 해로운 제초제 유출은 걱정할 필요가 없다. 사실 기계가 사진만 보고 잡초인지 작물인지 구분하는 것은 딥러닝 기술이 나오기 전까지는 상당히 어려운 일이었다.

인간은 잡초와 상추를 아주 쉽게 구분할 수 있지만, 로봇은 그렇지 못하다. 그러나 이미지를 빠르고 효과적으로 인식하고 분류하는 딥러닝 기술은 사람 대신 로봇이 작업할 수 있는 일의 범위를 확장시키고 있다.

인공지능 로봇이 잡초를 제거하며 이동하는 모습 [55]

---

55 출처 및 영상 자료: https://youtu.be/zYurqd7yUYs

08
CHAPTER

인공지능을 어떻게
비즈니스에 적용할까?

CHAPTER 08

인공지능을
어떻게 비즈니스에 적용할까?

비즈니스 기회 찾기

앞 장에서는 분야별 인공지능 활용 사례를 살펴보았다. 인공지능을 활용해야 하는 입장에서는 인공지능이 분야별로 어떻게 쓰이고 있는지를 확인하는 것만으로는 충분치 않으며, 비즈니스에 어떻게 적용하고, 어떻게 부가가치를 창출할 수 있을지에 대한 깊이 있는 분석이 필요하다. 그러므로 이 장에서 인공지능 기반 비즈니스 모델에 대해 살펴보도록 하자.

비즈니스 모델이란?

비즈니스 모델이란 어떤 제품이나 서비스를, 어떤 고객에게, 어떤 방법으로 전달해서, 어떻게 수익을 창출할 것인가에 관한 체계적인 사업

아이디어를 말한다. 비즈니스 모델을 구성하는 요소는 크게 네 가지로
구분된다.

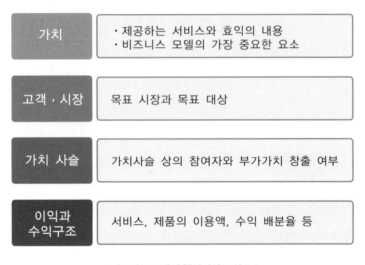

비즈니스 모델의 핵심적인 구성요소

첫 번째, 가치value는 고객에게 제공되는 제품 및 서비스의 효익효과와
이익을 말한다. 제품과 서비스를 제공했을 때 고객이 느끼게 되는 특별
한 효과와 이익을 말한다. 여러분은 몽블랑 만년필에 대해 어떤 심상
을 떠올리는가? 저자의 경우 몽블랑 만년필을 보며 '사회적 성공'을 떠
올린다. 많은 분이 몽블랑 만년필로부터 존경, 경제적 성공, 전문성과
같은 심상을 떠올렸다면 몽블랑의 가치는 '사회적 성공의 이미지'가 될
것이다. 몽블랑 제품을 구매하는 사람들은 만년필의 기능적 우수성보
다는 이 제품을 지니고 다님으로써 나를 좀 더 성공한 이미지로 보여줄

수 있다는 가치에 매료되어 기꺼이 많은 비용을 지출할 것이다. 이처럼 가치는 비즈니스 모델의 경쟁력을 좌우하는 가장 중요한 요소인 만큼 가치 설정value positioning을 잘해야 한다.

두 번째, 고객과 시장customer은 목표 시장과 목표 고객을 말한다. 모든 고객을 만족시키겠다는 것은 누구도 만족시킬 수 없다는 것과 똑같은 말이다. 기업은 자사가 제공하는 가치에 대해서 필요성을 느끼는 고객을 찾아내고, 그들에게 맞춤형 서비스를 제공하기 위한 노력을 해야 비즈니스에서 성공할 수 있다. 우리가 제공하고자 하는 가치를 요구하는 고객은 어디에 있고, 어떤 특징이 있으며, 고객의 어떤 불편 사항을 해결해주어야 하는지 고민하는 가운데 명확한 가치 설정value positioning이 가능해진다.

세 번째, 가치 사슬value chain이다. 21세기의 기업 경영은 기업 혼자 모든 것을 담당하는 것이 불가능한 구조이다. 기업은 다양한 파트너와의 협력을 통해 성장할 수 있는 만큼, 능력있는 파트너의 참여가 중요하다. 나이키의 경우 제품 디자인과 마케팅, 판매에만 직접 관여할 뿐, 의류를 생산하기 위해 원단을 확보하고 제품을 생산하는 일은 협력업체가 담당한다. 협력업체는 나이키와 비즈니스를 하면서 나이키의 요구와 나이키 제품을 구매하는 고객의 특성을 파악했기 때문에 원단 조달과 제품 생산에서 최고의 경쟁력을 가질 수 있다. 기업은 전체 프로세스에서 가장 큰 부가가치가 창출되는 단계에 집중하고, 능력있는 파트너와 관계 맺음을 통해 지속 가능한 성장을 이뤄나가야 한다.

네 번째, 이익과 수익 구조cost, revenue이다. 제품 개발 및 서비스 제공에 얼마의 원가가 소요되고, 그로 인해 얼마의 수익이 발생하며, 남는 수익을 파트너와 어떻게 배분할 것인가를 잘 따져보는 것은 기업 경영의 원칙이자 핵심 활동이다.

비즈니스 모델의 4가지 요소 중 가치는 어떤 식으로 구현될 수 있을까? 하나하나 살펴보도록 하자.

지멘스의 스마트 팩토리에서는 인공지능 비전 검사를 통해서 기존에 수작업 검사보다 신속 정확하게 품질 검사를 시행하고 있다. 해당 모델에서 우리는 어떤 가치를 찾을 수 있는가? 스마트 팩토리는 24시간 365일 신속 정확한 품질 검사를 통해서 불량 발생을 최대한으로 통제할 수 있으며, 이것이 스마트 팩토리를 도입함으로써 고객이 느끼게 되는 가장 큰 가치이다.

인공지능 기반 추천 및 스타일링 서비스의 경우 온라인의 편리함과 오프라인의 현존감을 둘 다 충족한다는 것이 가장 큰 가치가 된다. 쇼핑에 실패한 경험이 많거나 자신의 스타일을 잘 모르는 이른바 '패알못'을 위한 맞춤형 코디를 통해 소비자의 만족감과 자신감이 향상된다면, 이는 다른 쇼핑몰에서는 제공하지 못하는 해당 쇼핑몰만의 차별화된 가치가 될 것이다.

아마존 에코Amazon Echo는 강력한 인공지능 플랫폼을 기반으로 쇼핑, 피자 주문, 영어 공부, 음악 감상, 일정 관리, 음성 통화, 채팅 등등 유용하고 다양한 부가 서비스를 제공하면서 인공지능 스피커 이상의 편리함과 즐거움을 선사하고 있다. 아마존 에코는 다양한 플랫폼에서 작동되기 때문에 사업자들이 에코 기반의 다양한 서비스를 개발하여 제공함으로써 가치 사슬도 커지고 네트워크의 힘은 더욱 강력해지고 있다.

아마존은 부가 기능을 더해 제품의 가치를 극대화하고 있다. 바로 '보이는 인공지능 스피커'이다. 아마존 에코는 음성을 통해 상호작용을 할 수 있는데, 여기에 디스플레이를 탑재하여 더욱 직관적으로 상호작용할 수 있는 길을 열었다. 바로 에코 쇼 Amazon Echoshow 의 탄생이다. 아마존이 제공하는 다양한 서비스를 스피커 음성 뿐만 아니라 디스플레이 시각 를 통해서도 제공하며, 스마트홈에 연결된 기기를 제어하거나 영상 통화, 메시지 전송, 비디오 재생 등을 지원하는 '에코 스팟'으로 기능이 확장되고 있다. 여기서 아마존 에코가 제공하는 가치는 '보는 즐거움'이다.

아마존의 에코 쇼

아마존 에코가 제공하는 가치를 다양한 플랫폼에서 제공함으로써 기업은 더 많은 비즈니스 기회를 가질 수 있게 되며, 아마존의 영향력은 더욱 커지게 된다. 이것이 바로 가치사슬의 힘이다.

인공지능 기술을 적용해서 성공한 제품과 서비스를 비즈니스 모델로 분석하면 성공 요인을 어느 정도 파악할 수 있다. 우리는 기업의 내부인이 아니므로 모든 요소를 정확하게 파악할 수는 없지만, 분석력과 상상력으로 그 이상의 아이디어를 얻을 수 있다.

인공지능을 활용한 똑똑한 출판 플랫폼, 인키트

혁신적인 아이디어와 인공지능의 만남으로 시장에서 주목을 받는 인키트 사례를 함께 살펴보자.

인키트 inkitt 는 2016년 베를린에서 설립된 출판 기업으로, 회원이 직접 창작한 스토리를 등록하고 다른 회원과 함께 독서 경험을 공유하는 플랫폼이다. 인키트는 작가의 명성에 의존하는 기존 출판계의 한계에서 비즈니스 기회를 찾았다. 그리고 해당 비즈니스를 작동하기 위해서 데이터와 커뮤니티라는 자원을 적극적으로 활용했다. 인키트는 해리포터의 저자인 JK 롤링이 원고를 출판사에 여러 군데에 냈지만 무려 13번이나 거절당한 사례를 통해서 일반인은 책을 내기 어렵다는 점을 비즈니스의 출발점으로 삼았다.

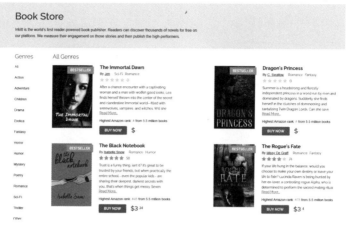

인키트는 인공지능을 어떻게 활용해서 시장에서 성공한 걸까? 인키트는 페이스북에 로그인해서 사용할 수 있는데, 페이스북에 등록된 독자의 나이, 성별, 직업, 사는 곳 등등 다양한 인구 통계학적인 정보를 확보할 수 있었다.

해당 플랫폼에 입장한 독자가 선호하는 장르를 선택하면 관련 분야의 작품을 추천받을 수 있다. 추천받은 작품 중 관심이 있는 몇 개를 선택해서 읽은 후 작품의 구성, 문체, 전반적인 느낌에 대해서 별점을 매길 수 있게 했고, 이를 토대로 추천 서비스를 제공했다. 인키트는 독자가 해당 스토리를 얼마나 읽었는지, 얼마 동안 읽었는지, 얼마나 몰입했는지, 지속해서 다시 읽었는지 아니면 읽다가 중단했는지 등 고객의

---

56   출처: https://www.inkitt.com/published-books

독서 습관을 분석해서 인기 작품을 파악할 수 있었는데 여기에 인공지능 기술을 적용한 것이다. 이처럼 인키트는 인공지능으로 스토리의 경쟁력을 분석해서 시장에서 성공 가능한 작품을 선별해서 출판 서비스를 제공하고 있다.

스타트업에 가까운 인키트의 성과는 놀랍다. 출간한 책 중에 베스트셀러에 등록되는 비율이 무려 90% 이상이다. 웬만한 대형 출판사보다 성공률이 높다. 누구나 자유롭게 작품을 출간할 수 있고, 일부 작품은 대박을 낸다는 소문이 퍼지면서 조앤 롤링처럼 작가로 성공하길 원하는 수많은 일반인이 플랫폼에 모이고 있다. 이를 반영하듯, 인키트에 등록된 저자는 4만 명이 넘으며, 연재가 끝났거나 진행 중인 스토리도 15만 이상이다. 저자한테 돌아가는 인세도 높은 편이다. 인키트의 경우 e북으로 출간된 경우에는 전체 수익의 25%, 종이책의 경우 51%를 인세로 지불한다.

내가 쓴 작품을 남들과 공유하고, 내 작품에 대해 독자들의 솔직한 평가를 받을 수 있으며, 여기에서 선발이 되어 책으로 출판되면, 인세도 받고 성공한 작가로 등단할 수 있으므로 작가로 성공하고 싶은 수만 명의 사람을 모이도록 하는 플랫폼으로 차별화된 가치를 가진다. 인키트의 비즈니스 모델은 다음과 같다.

가치	· 작가지망생 자아실현 및 출판의 기회제공 · 독자 창의적이고 독특한 작품을 즐길 수 있음 · 출판계 신진작가 유입으로 출판 생태계 활성화
고객·시장	글쓰기를 배우고 있거나 출판을 희망하는 예비 작가 다양한 책들을 즐기기 원하는 독자
가치 사슬	다수의 작가–다수의 독자–연결 플랫폼–출판–마케팅 지원 * 4만 명의 저자, 15만개의 스토리
이익과 수익구조	수익구조 출판을 통한 수익창출 이익배분 인세(e북은 25%, 종이책은 51%)

인키트의 비즈니스 모델

여러분이 인공지능 기반 비즈니스를 기획하고 있거나 이미 서비스를 제공하고 있다면 위 4가지 요소에 관해 설명할 수 있어야 하며, 여기에 인공지능이 어떤 역할을 하는지 구체적으로 설명할 수 있어야 한다. 만약 경쟁사에 대적할 제품을 기획하고 있다면 경쟁사 제품의 비즈니스 모델을 분석하여 문제점을 도출하고 부분별 취약점을 보완하기 위한 방안을 마련해야 하는데, 여기에 인공지능을 이용할 수 있는 방안을 찾아보면 좋다.

비즈니스 모델 캔버스

앞서 설명한 비즈니스 모델의 4가지 핵심요소를 세분화하면 좀 더 정교한 비즈니스 모델을 만들 수 있다. 대표적으로 비즈니스 모델 캔버스Business Model Canvas, BMC는 사업계획서 작성 도구로, 9개의 사업요소를 각각 정의함으로써 구체적인 사업계획을 돕는다. BMC를 구성하는 9가지 요소를 9블록으로 표현하는데, 9블록은 다음과 같다.

- **Customer Segment**고객 세그먼트 : 우리가 목표로 하는 고객집단은 누구이고 어떤 문제와 요구를 가지는지 정의함
- **Value Proposition**가치 제안 : 목표 고객집단에 제공할 가치를 창조하기 위해 제품 및 서비스에 차별화를 기하는 것으로, 고객집단이 가지고 있는 문제나 요구를 해결해 줄 수 있는 그것에 해당함. 희소성, 사회적 지위, 경제성, 비용 절감, 리스크 감소, 유용성, 시민의식, 연대, 공감, 행복, 선함의 추구 등이 있음
- **Channels**채널 : 채널은 제품 및 서비스에 대한 고객의 이해, 평가, 구매, 전달, 지원을 지원하고 촉진하는 역할을 함. 목표 집단과 소통하고 거래하는 모든 방법으로 구매를 위한 사전 단계와 사후 단계를 모두 포함함
- **Customer Relationships**고객관계 : 고객을 우리 제품 및 서비스의 팬으로 만들기 위한 전략과 방법

- Revenue Streams^{수입원} : 가치 제안의 결과로 얼마만큼의 돈을 어떻게 받을 수 있는지에 관한 것
- Key Resources^{핵심자원} : 기업의 비즈니스를 수행하기 위해 갖춰야 하는 유무형의 자산으로 물적자원^{공장 등}, 지적자산^{특허 등}, 인적자원^{내부 전문가 등}, 재무 자산^{현금 등}으로 구성됨
- Key Activities^{핵심활동} : 고객집단에 가치를 제안하기 위한 활동으로 생산, R&D, 플랫폼 운영 등이 있음
- Key Partnerships^{핵심 파트너} : 공급자 및 파트너와의 네트워크
- Cost Structure^{비용 구조} : 비즈니스 모델을 운영하는데 발생하는 비용으로, 고정비와 변동비로 나누어 각각 얼마만큼 소요될지 산정해야 함

8. 핵심 파트너	7. 핵심활동	2. 가치제안	4. 고객관계	1. 고객 세그멘트
핵심파트너는 누구이며, 파트너가 실행하는 주요 활동은?	가치제안을 위해 꼭 필요한 핵심활동은?	우리가 제공하려는 가치는 무엇인가?	어떻게 고객관계를 형성할 것인가?	누구에게 가치제안을 할 것인가?
	6. 핵심자원	해당 가치는 고객 요구나 문제를 해결하는데 도움되는가?	3. 채널	우리에게 중요한 고객은 누구인가?
	가치제안을 가능케 하는 우리의 핵심 자원은?		가치 제안 및 소통에 사용되는 채널은?	

9. 비용 구조	5. 수입원
비즈니스를 위해 투입되어야 할 비용의 규모와 내용은?	우리가 제공하는 가치에 고객이 지불할 금액은? 어떤 방식으로 돈을 받을 것인가?

비즈니스 모델 캔버스(BMC)의 구성

9블록은 앞서 비즈니스 모델의 4가지 요소와 관련성이 높다. 9블록에서 '가치 제안'은 가치^{value}와 연결되고, BMC를 기준으로 우측은 고객□시장과, 좌측은 가치 사슬과, 맨 하단은 이익 및 수익구조와 1 : 1로 연결된다.

기존 비즈니스를 9블록으로 분석한 후 인공지능 기술을 적용해 가치를 극대화하는 방안을 탐색하는 것도 좋은 방법이다. 9블록 중 인공지능이 적용되는 분야는 주로 고객관계예 AI 기반 맞춤형 서비스 제공, 핵심활동예 인공지능으로 데이터 분석 및 예측, 채널예 콜센터에 AI 챗봇 도입하기, 핵심 파트너쉽예 AI 전문기업 솔루션 도입하기, AI 전문기업과 공동사업 추진하기으로, 기존 사업에 일부 요소를 변형함으로써 전혀 새로운 가치를 창출하고 경쟁력을 확보할 수 있다. 예를 들어 학습지 채점 및 틀린 문제 풀이를 방문교사가 제공하던 방식을 인공지능 기반 비대면 튜터링으로 대체함으로써 기업은 비용과 인적 자원으로 인한 리스크를 줄일 수 있고, 학생은 즉각적인 피드백을 통해 잘못 이해한 부분을 빠르게 정정할 수 있으며, 부모는 교사 방문에 대한 부담감을 덜고 좀 더 체계적으로 관리받고 있다는 심리적 만족감을 느낄 수 있다.

저자는 인키트의 비즈니스 모델을 BMC로 분석해 보았다. 인공지능은 핵심활동에 반영되고 있었는데, 기존 출판사는 출간될 작품을 사람이 직접 선정하지만 인키트는 인공지능을 기반으로 출간 예정작을 선정함으로써 예측의 정확도를 높여가고 있다. 무수히 많은 작품 속에서 베스트셀러가 될만한 작품을 족집게처럼 골라내는 인키드의 기술력. 이것이 인키트의 경쟁력인 것이다.

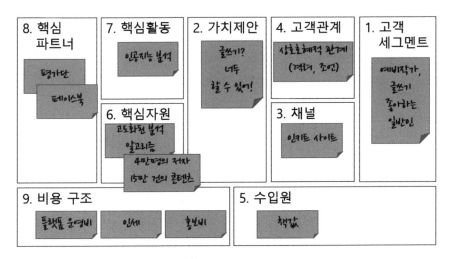

BMC로 인키트의 비즈니스 모델 분석하기

블랙박스를 유추하는 상상력

인공지능 기반으로 비즈니스 모델링을 하려면 성공한 제품과 서비스를 분석해야 한다. 즉, 인공지능 제품과 서비스 작동 방식을 유추하고 그 과정을 상상하는 힘을 길러야 한다. 이것이 바로 '블랙박스 들여다보기'이다.

인공지능의 경우 어떤 과정에 의해 결과가 나왔는지 알 수 없으므로 그 과정을 상상해야 한다. 그런 알고리즘을 상상하는 과정에서 전혀 새로운, 그리고 혁신적인 아이디어가 나올 수 있어서 우리가 늘 접하는 인공지능 서비스를 상상하는 능력이 필요하다. 어떠한 프로세스, 어떤 알고리즘에 의해서 저런 결괏값이 나올까? 이런 것을 상상하는 것은 매우 중요한 접근이다.

앞서 소개한 P사의 인공지능 기반 개인 스타일링 서비스는 고객 정보를 토대로 인공지능이 고객에게 가장 어울릴만한^{고객이 가장 원하는} 스타일을 제안한다. 이것이 가능한 이유는 프로파일 퀴즈를 통해 유의미한 데이터를 얻을 수 있기 때문이다. 키, 몸무게, 좋아하는 스타일, 이런 옷을 주로 어디에서 입을 건지를 고객이 선택하게 하고 이 조건에 맞는 옷이 실제로 판매되었을 때 그 고객과 신체 치수와 스타일, 용도가 비슷한 다른 고객에게 이를 추천함으로써 채택될 가능성이 높아진다. 이러한 정보들이 데이터베이스로 쌓이면 고객에 대한 추천 정확도가 높아지면서 플랫폼의 경쟁력은 높아질 것이다.

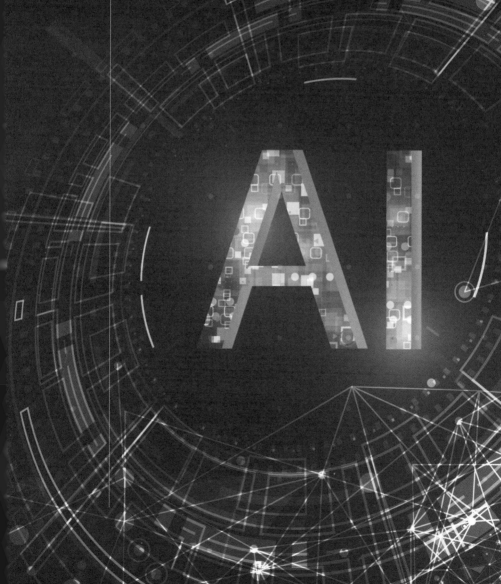

09
CHAPTER

주요 국가들과 기업들은
왜 인공지능에 뛰어들까?

CHAPTER 09

주요 국가들과 기업들은
왜 인공지능에 뛰어들까?

기술 전쟁의 시대

인터넷을 검색하거나 TV를 보다 보면 인공지능에 관한 기사나 뉴스를 쉽게 접할 수 있다. 시중에는 인공지능을 장착한 제품과 서비스가 등장하고 있으며, 기업들은 인공지능 전문가를 모셔가기 위해 스카우트 전쟁을 벌이고 있다. 정부는 인공지능 전문인력 양성을 위한 다양한 정책을 마련하고 있으며, 대학 역시 앞다투어 인공지능 학과를 개설하고 있다.

바야흐로 인공지능의 붐이 불고 있다. 그러나 상당수 사람은 인공지능을 바라보는 시선이 곱지 않다. 혹자는 인공지능이 기존 일자리를 빼앗아갈 것이라며 걱정하고 있고, 인공지능이 미래에 인류를 멸살할 것이라는 끔찍한 상상을 하기도 한다.

이러한 우려는 인공지능의 단면적 부분만 이해하고 있거나 인공지능에 대해 전혀 모르기 때문으로, 무지나 기우로부터 자유로워지기 위해서는 인공지능에 대한 기초적인 지식을 갖출 필요가 있다.

인공지능은 최근 등장한 개념이 아니며, 이미 몇십 년 전부터 연구가 진행되어온 분야이다. 과거에는 인공지능의 효익을 입증하기 어려웠고 기대와는 달리 학술적 · 상업적 성과가 낮아 비판의 대상이 되었다. 일례로, 1990년대 말과 2000년대 초에 박사 논문 주제가 인공지능이면 무조건 통과가 안 되었다는 우스갯소리도 있을 정도다. 그렇지만 인공지능을 계속 연구하는 학자들의 노력과 데이터 저장 용량과 데이터 처리기술의 기하급수적 발전으로 인공지능이 의미 있는 성과를 낼 수 있는 환경이 마련되었고, 컴퓨터뿐만 아니라 정치, 사회, 경제 등 여러 분야에 성과를 내면서 많은 이들이 인공지능에 주목하고 있다.

21세기의 전쟁은 자본이나 이념 전쟁이 아닌 기술 전쟁이다. 전 세계는 저마다 기술 패권을 거머쥐기 위해 노력하고 있다. 기술 패권은 첨단 기술의 개발 · 이용 · 관리에 관한 독점적 권리 행사로 전 세계 경제와 사회, 국제질서를 좌우하는 강력한 힘을 발휘한다. 미국은 인공지능과 양자컴퓨터, 게놈 공학에 대한 리더십을 통해 전 세계에 영향력을 발휘하려 하고 있다. 중국과 일본 역시 인공지능 개발에 주력하고 있는데 그 결과로 미국, 중국, 일본이 전 세계 특허의 1, 2, 3등을 차지하고 있다.

특히 중국은 인공지능 분야의 특허 수가 전 세계 1위로, 이미지 및 음성인식 기술에서는 독보적인 위치에 있다. 보안 감시 분야에 컴퓨터 비전[57]computer vision을 적용하고 생산, 물류, 유통 등에 인공지능 기술을 폭넓게 적용하면서 기술적으로 우수한 인공지능 기업이 늘어나고 있다. 중국에서는 인공지능 관련 재미있는 경진대회나 실험이 이어지고 있다. 일례로 2020년에는 농부와 소비자를 연결해주는 전자상거래 플랫폼인 '핀둬둬拼多多'가 기술팀과 농민팀이 4개월간 딸기를 재배하는 경진대회를 주최한 바 있는데, 인공지능 센서 등 스마트팜 기술을 이용한 기술팀의 승리로 끝났다. 기술팀이 농민팀보다 2배 가까이 많은 딸기를 수확한 것이다.

기업의 인공지능 기술개발 및 활용 역량은 기업의 성장은 물론, 영속성에도 영향을 미칠 것이다. 그래서 기업이나 대학 모두 인공지능 전문가를 양성하고 확보하는 데 주력하고 있다.

인공지능 경쟁력

인공지능을 공공과 기업 비즈니스에 적용할 경우 국가 차원에서는 국민의 삶의 질 향상을 기대할 수 있으며 기업 차원에서는 기업의 경쟁력을 강화할 수 있다.

---

57 컴퓨터로 이미지를 식별하는 기술

인공지능은 질병, 기상 이변, 환경오염, 교통 혼잡 등 국가 문제를 파악하고 해결을 지원함으로써 사회 안전망을 강화하는 수단으로 작동할 것으로 예상된다. 가령, 인공지능을 통해 각종 질병 확산을 예측하고 손쉬운 질병 진단을 지원함으로써 국민이 질병 걱정 없이 건강하게 살 수 있으며, 고령화 시대를 맞아 치매, 우울증 등 정신질환을 치료하는 도우미로 기능할 수 있을 것이다. 자율주행 자동차를 통해서는 장애인과 노인의 이동권을 보장할 수 있으며, 효율적·효과적 도시관리도 가능해질 것이다. 대표적으로 스마트시티의 경우 인공지능과 사물인터넷을 통해 복잡한 데이터를 분석함으로써 도시에서 발생하는 여러 가지 문제들을 실시간으로 파악하고 정확한 의사결정을 내리도록 지원하고 있다. 또한 데이터 기반의 실시간 정책 결정으로 행정의 효율성을 극대화할 수 있다. 과거처럼 사례나 경험 기반 정책 대응에서 데이터 기반 정책 대응으로 변화하여 합리적이고 설명 가능한 정책 결정이 내려지고, 단순 반복적인 민원 상담을 인공지능으로 지원하여 행정 비용의 최소화라는 혜택도 누리게 될 것이다. 다음 표는 인공지능 기술의 공공분야 적용 사례 및 방법을 보여주고 있다.

| AI 공공분야 적용 예시[58] |

분야	예시
교통	• 자율주행 자동차, 셔틀^{교통 체증, 사고 해소} • 항공, 해운 활용
스마트시티	• 효율적 도시관리^{지능형 교통 시스템} • CCTV 기반 안전 사회 구현 및 법 집행^{치매, 실종 유아 찾기}
의료 관리	정밀 의료, 처방, 신속한 진단
사이버 보안	해킹 등 위험발굴 및 대응
금융	• 보이스피싱 탐지 및 차단기술의 활용^{한국 연간 6조 피해} • 신용위기 분석^{부동산 정보 활용} 한국은행 금리결정 도입 검토
안보	신병 모집 시 챗봇 활용^{미국}
사법 서비스	빅데이터 분석에 의한 판결
자연 재해	IBM, OmniEarth 사의 캘리포니아 가뭄 해결 시도^{수요, 예측 등}
통계	빅데이터 분석에 기반한 인구통계 처리 등

기업 차원

기업이 인공지능을 도입함으로써 얻을 수 있는 효익은 다음과 같다.

첫 번째, 신속 정확한 의사결정을 통해 빠른 대응이 가능하고, 새로운 비즈니스 기회를 창출할 수 있다. 기업 경영에 영향을 미치는 다양한 변수를 분석해서 기회를 파악해야 하는데, 이때 반드시 분석해야 할 대상이 바로 거시환경이다. 거시환경 분석은 산업 내 기업의 경쟁력에 영향을 미칠 수 있는 거시적인 환경 요인을 파악하기 위한 활동으로,

---

58   출처 : 「AI 기술의 공공서비스 활용과 전망」, 한국과학기술기획평가원, 2018

대표적으로 STEP(또는 STEEP) 분석이 있다. 이것은 기업 활동에 영향을 미치는 중요한 요소들의 앞글자를 딴 것으로 4개인 경우 STEP, 5개인 경우 STEEP이 되는데, 그 구성은 다음과 같다.

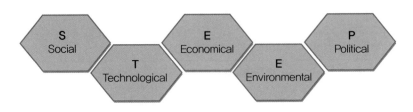

거시환경 분석 도구인 **STEEP**의 분석대상

이처럼 사회, 기술, 경제, 환경, 정치적 변화가 기업 경영활동에 어떠한 영향을 미칠 수 있는지를 분석함으로써 기업을 둘러싼 변화에 적절하게 대응할 수 있어야 한다. 그런데 거시환경의 변화는 하나의 거대흐름으로 나타나기 때문에 이것을 인간의 직관이나 분석으로 정확하게 판단하기란 어렵다. 이러한 극심한 변화 상황을 일컬어서 뷰카VUCA라고 하는데, 이 역시 변동성Volatile, 불확실성Uncertainty, 복잡성Complexity, 모호성Ambiguity을 의미하는 영어 단어의 앞 글자를 따서 만들어진 조어로, 한 치 앞도 예측할 수 없는 상황을 의미한다. 이렇게 미래 예측이 어려운 상황에서 어떤 변화를 지속적으로 파악하는 데에 인공지능을 사용할 수 있다.

변동성
Volatility

불확실성
Uncertainty

복잡성
Complexity

모호성
Ambiguity

VUCA

두 번째, 개인에게 맞춤형 제품과 서비스를 제공할 수 있다. 어떤 제품을 사기 위해 인터넷 사이트에 들어가 보면 그 제품에 대한 평가가 넘쳐난다. 이러한 정보의 홍수 속에서 고객들은 선택 장애를 경험하게 된다. 반대로, 기업은 시시각각 변하는 고객 요구에 대응하는 것이 더욱 어려워지고 있고, 사실은 고객 요구가 정확히 무엇인지도 파악하기 어려운 실정이다. 그런데 인공지능은 뉴스 기사, SNS, 각종 통계 자료를 분석해서 복잡하고 다양한 소비 패턴을 분석해 준다. 고객이 표현하지 않은 숨겨진 요구를 파악해서 신상품을 기획하는 데 필요한 다양한 아이디어를 제공한다. 뿐만 아니라, 이것을 기반으로 최적의 가격 책정과 수요 예측을 지원하고 있다. 고객의 선호와 취향을 인공지능이 고객 자신보다 더 잘 알게 된다면 앞으로 소비자는 브랜드가 아닌 인공지능의 추천에 더 많이 의존하게 될 것이다.

세 번째, 인공지능 플랫폼은 강력한 생태계를 구축하는 데 매우 유용하다. 아마존은 플랫폼을 통해서 전방위를 통합함으로써 가장 강력한 IT 기업으로 성장했는데, 여기에 크게 공헌한 것이 바로 '알렉사'다. 알렉사는 아마존에서 개발한 인공지능 플랫폼으로 아마존의 스피커인 에코에 처음 적용되었다. 아마존은 알렉사의 SDK[59]를 공개했는데, 이를 통해 외부 기업과 개발자들이 에코에서 작동할 수 있는 다양한 서비스를 개발할 수 있게 되었고 덕분에 에코만의 생태계를 자생적으로 만들어가고 있다. 특히 스포티파이나 우버 등 다양한 기업들이 참여하면서 에코는 똑똑하고 유용한 원통으로 진화하였다. 반면, 후발 주자들은 파트너를 구하지 못해 아마존 규모의 생태계를 구축하기 어려워진 상황이다. 이처럼 플랫폼 연동 서비스는 경쟁사가 따라오기 어려운 분명한 강점이라는 것을 아마존이 보여주고 있다.

기업들이 인공지능에 사활을 거는 이유

1990년대 월드 와이드 웹과 모자이크와 같은 범용 인터넷 기술이 시장에 등장했을 때 시장의 반응은 극단적이었다. "와, 이런 기술이 있다니 대단하다!"라는 반응이 있는가 하면, "혁신적이긴 한데, 뭔가 많이 부족해."라는 상반된 평가도 있었다.

당시 기업들은 인터넷 기술을 어떻게 활용할 건지에 대해 진지하게 고민했다. 하지만 오프라인에서 충분한 경쟁력을 가지고 있었던 기업들은 기술적으로 많이 부족한 인터넷에 크게 신경을 쓰지 않았다. 인

59　응용 프로그램 개발도구

터넷으로 제품을 판다는 것 자체가 정말로 바보 같은 짓이라고 여겼다. 그 사이, 인터넷에서 기회를 찾으려는 기업들은 인터넷의 기술적 진화와 함께 현재 최고의 기업으로 성장했다.

인터넷 기술 외에도 상호작용이 된다던 IPTV가 그랬고, 휴대폰을 PC처럼 쓸 수 있다던 스마트폰도 그러했으며, 엄청난 몰입감을 준다는 VR 기술도 처음에는 시장과 언론으로부터 뭇매를 맞았다. 스마트폰이 TV나 휴대폰을 대체하기에는 기능적으로 부족함이 많았으나, 부족한 2%의 기술적 한계들이 하나하나 극복되면서 현재는 시장이 만족할만한 서비스를 제공하면서 TV, 라디오, MP3 등 전통적인 미디어를 밀어내고 있다.

인공지능은 아직 기술적으로 부족함이 많지만, 기술 진보를 통해서 기존의 판을 뒤엎을 것이다. 후발 주자들도 인공지능을 통해서 1위 기업의 영향력을 와해시킬 수 있을 것으로 예상되며, 'FANG'으로 불리는 글로벌 IT 기업들은 1등 자리를 빼앗기지 않기 위해 인공지능에 더욱 공격적으로 투자하고 있다.

FANG의 인공지능 전략

초연결 · 초지능화로 제품과 서비스는 더욱 똑똑해지고 개발 과정은 자동화 · 시스템화되고 있다. 초연결 · 초지능화는 센서와 사물인터넷, 클라우딩 컴퓨팅과 인공지능 등 지능정보 기술의 발전과 분석기술의 고도화 덕분이다. 특히 신경망, 퍼지이론, 패턴 인식, 전문가 시스템, 자연어 인식, 이미지 처리, 컴퓨터 비전, 로봇 공학 등 인공지능 분야의 기술 발전이 크게 이바지하고 있다.

앞으로의 전쟁은 가격과 품질뿐만 아니라 데이터를 기반으로 제품을 지능화하여 전에 없던 새로운 가치를 누가 먼저 시장에 제공하느냐의 싸움이 될 것이다.

초기 인공지능은 게임이나 체스, 바둑에 적용되는 정도였지만 실생활에 응용되기 시작하면서 활용 분야도 비약적으로 늘어나고 있다. 유럽 인공지능 스타트업의 주요 사업 분야를 보면 헬스케어, 금융, 미디어/엔터테인먼트, 유통, 교통, 교육, 농업 등 다양한 분야에 포진해 있다. 그렇다면 IT 분야의 선도기업인 페이스북, 아마존, 넷플릭스, 구글은 인공지능 기술을 그들의 사업에 어떻게 적용하고 있을까? 이들은 기존 플랫폼에 인공지능을 적용하여 서비스를 고도화, 지능화하고 있으며, 자신의 고유 플랫폼을 바탕으로 서비스 영역을 확장하고 있다.

페이스북 Facebook

페이스북은 사람의 얼굴을 97.25%의 정확도로 알아내는 딥페이스를 통해 인공지능 분야의 선도기업으로 우뚝 섰다. 페이스북은 사진 속의 사물과 인물을 정확히 구별하고 어떤 맥락인지 그 상황까지 인식함으로써 고객 경험의 질을 높여주고 있다.

페이스북에 사진을 올리면 자동으로 사진 속 인물에 태그를 달거나 분류를 해준다. 이 과정에 인공지능 알고리즘이 적용되는데, 사진에서 사람을 추출하고 추출한 사진에서 특징을 찾아서 패턴화시키고, 그 과정이 모두 자동화로 진행된다. 이 역시 빅데이터 시스템의 수집 및 분석, 학습 등의 인공지능 알고리즘이 적용되어 진행되기 때문에 페이스북의 얼굴 인식 기술은 인공지능이 적용된 사례로 볼 수 있다.

페이스북에 적용된 얼굴 인식 기술

페이스북은 인공지능 분야를 선점하기 위해 인공지능 관련 원천기술을 가진 기업을 인수합병 했다. 대표적으로 2012년에는 인공지능 기반 얼굴 인식 기술을 개발한 페이스 닷컴Face.com을, 2016년에는 얼굴 추적 및 감정 인식 기술을 개발한 파시오메트릭스FacioMetrics 사를 인수하였다. 글로벌 IT 기업들은 인공지능 분야의 우수한 기술력을 가진 스타트업을 인수합병하거나 IT 기업에 투자함으로써 인공지능 관련 역량을 강화하고 있는데, 이는 다른 경쟁사에 위협이 되고 있다.

페이스북은 인공지능을 이용한 이미지 처리에서 여러 가지 성과를 내고 있다. 일례로, 이미지 데이터베이스인 이미지넷ImageNet의 120만

데이터 세트를 이용하여 이미지를 분류하는 머신러닝 모델인 DeiT^{Data-Efficient Image Transformer}를 개발하였다. DeiT는 소르본 대학의 매튜 코드 교수와 공동 개발한 모델로, 기존 이미지 분석 방법인 CNN이나 대규모 데이터 세트를 사용하지 않고도 대용량의 이미지를 분석할 수 있게 고안되었다. 즉, 훨씬 적은 데이터와 컴퓨팅 자원만으로 고성능 이미지 분류 모델을 생산해낼 수 있어 활용도가 높을 것으로 예상된다.

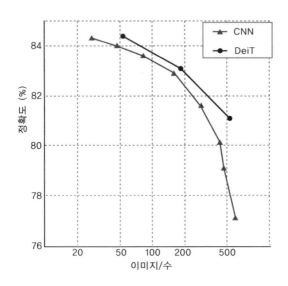

기존 방식과 DeiT의 이미지처리 정확도 비교

또한 적대적 신경망^{GAN} 기술을 이용하여 리얼아이오프너^{Real-eye-opener}를 개발하였는데, 이는 눈을 감은 사진을 눈을 뜬 사진으로 변환해주는 기술이다. 리얼아이오프너는 사진을 찍을 때 실수로 눈을 감아 사진을 망친 경험이 있는 사람에게는 꼭 필요한 기능으로 이미지 업로드를 주요 기능으로 하는 페이스북이나 인스타그램 등에 킬러 콘텐츠로 활용될 가능성이 매우 크다.

리얼아이오프너를 이용한 사진 교정 [60]

아마존Amazon

아마존은 이미 오래전부터 사용자 취향에 맞는 책과 사용자가 필요로 하는 물품을 추천해주는 서비스를 제공해 왔다. 사용자가 사용한 내역구매, 이력 등을 기반으로 분석하여 패턴을 추출하고 그 패턴에 맞게 사용자 맞춤 정보를 제공하고 있는데, 여기에 인공지능 알고리즘의 기본

60　출처 : https://techcrunch.com/2018/06/16/facebooks-new-ai-research-is-a-real-eye-opener/

이 되는 빅데이터 처리기술이 큰 역할을 하고 있다.

계산대 없는 매장인 아마존고 ^{Amazon Go} 에도 딥러닝 기술이 적용된다. 아마존 고의 'Just Walk Out' 기술은 컴퓨터 비전, 센서 퓨전, 딥러닝 기술의 결정체로, 스마트폰을 켠 채로 매장에 들어가서 물건을 들고나오면 자동으로 계산해주는 편리함을 제공한다. 즉, 선반에서 상품이 선택되고 반환되는 것을 센서가 자동 감지하여 가상의 장바구니가 이를 계속 업데이트하는데, 물건을 고른 후 마트를 나서면 잠시 뒤 개인의 아마존 계정에 정산금액이 적힌 온라인 영수증이 도착한다.

아마존은 음성인식과 물류 분야에서도 강점을 나타내고 있다. 아마존이 운영하는 물류창고에서 많은 로봇이 임무를 수행하고 있다. 2012년 키바 시스템 ^{Kiva Systems} 사를 인수한 아마존은 20만 대 이상의 로봇을 사용하고 있다. 로봇은 물류창고 내에서 상품을 집어 발송 작업을 담당하는 작업자에게 가져다주는 작업만으로 업무의 효율성을 높이고 있

| 매장 입구에서 앱 켜기 | 쇼핑 마치고 그대로 나오기 | 앱을 통해 자동계산 완료! |

아마존의 'Just Walk Out' 서비스

는데, 빠른 배송이 생명인 배송 서비스에서 아마존이 절대 강자가 된 데에는 인공지능 기반 로봇의 역할이 컸다.

아마존의 물류 로봇 '키바' [61]

아마존은 포드 자동차에 알렉사의 음성인식 서비스를 제공하였고 자동차 제조사가 알렉사의 기술을 이용해 자체 소프트웨어를 만들도록 허용하고 있는데, 이는 자동차 분야에 음성 소프트웨어 서비스를 제공해온 기업들에게 강력한 위협이 되고 있다.

알렉사의 음성인식 서비스를 적용한 자동차

61   출처 및 영상 자료 : https://youtu.be/gQpMDdJmbNs

넷플릭스 ^{Netflix}

넷플릭스는 사용자 취향에 맞춰 영화나 드라마 콘텐츠를 추천해주는 추천 시스템을 도입하여 큰 성공을 거뒀다. 넷플릭스의 추천 서비스는 우리가 보고 싶어 할만한 콘텐츠를 골라 제안함으로써 콘텐츠의 홍수 속에서 고객이 선호할만한 콘텐츠를 입맛에 맞게 맞춤형으로 제공하는 데 있다.

넷플릭스에서 제공되는 맞춤형 취향 저격 콘텐츠 [62]

이러한 추천 서비스에 인공지능 기술이 적용된다는 것은 주지의 사실이다. 엄밀히 말하면 넷플릭스의 추천 알고리즘은 데이터 사이언스의 승리라기보다는 수작업의 승리로 보는 게 더 정확할 것이다. 인공지능이 판별력을 가지기 위해, 즉 머신러닝으로 학습을 하기 위해서는 방대한 분량의 학습데이터가 필요한데, 여기서 각 드라마나 영화의 메타 정보를 입력하는 일은 다 사람의 손을 거쳐 수작업으로 이뤄진다. 넷플릭스에 신작이 입고되면 콘텐츠 팀이 이를 감상한 후 엑셀 시트에 그

---

62 출처: http://www.civicnews.com/news/articleView.html?idxno=28493

영화와 관련 있다고 생각되는 태그^{키워드 꼬리표}를 입력한다. 사용자가 넷플릭스에 가입하면 자신의 취향에 맞는 콘텐츠 3개를 고르는데, 이때 각 콘텐츠에 붙은 태그에서 고객의 취향과 일치하는 콘텐츠를 선별하여 추천한다. 즉 태그 일치도가 높은 콘텐츠가 우선 노출되는 건데, 사용자가 넷플릭스 콘텐츠를 더 많이 감상하면 감상할수록 더 많은 태그가 반영되기 때문에 더 정확한 결과가 나오게 되는 것이다.

결국, 인공지능의 판별 성능을 높이기 위해서는 사람들의 인지 노동이 선행돼야 하는데 넷플릭스 알고리즘도 예외는 아니다.

넷플릭스의 메인 화면은 사용자가 속한 국가별로 모두 다르다. 실제로 영화 포스터나 드라마 포스터를 보면 몇 가지 타입으로 제작되는 경우가 많다. 만약 좀비 영화라고 한다면 (1) 좀비의 잔인한 모습이 부각되는 포스터, (2) 좀비와 사투를 벌이는 액션 스타의 모습, (3) 좀비로 폐허가 된 삶의 터전에서 슬픔에 잠긴 주인공의 모습 등 여러 가지 모습으로 포스터가 제작된다. 그리고 각 나라의 시청자 선호에 따라 다른 포스터가 넷플릭스에 걸리는 건데, 좀비를 좋아하는 우리나라에서는 (1)번 포스터가, 액션물을 선호하는 미국인에게는 (2)번 포스터가, 좀 더 감성적인 유럽 사람들에게는 (3)번 포스터가 제시되는 식이다.

많은 경쟁사가 넷플릭스의 알고리즘을 베끼지만 똑같은 알고리즘을 구현하지 못하고 있다. 이미 십수 년간 구축한 콘텐츠 DB와 시행착오를 통해 고도화한 알고리즘은 넷플릭스 고유의 자산이며, 넷플릭스의 추천 서비스 역량은 오랜 시간과 기술의 축적으로 쌓인 넷플릭스 고유의 핵심역량으로 볼 수 있다.

구글Google

구글은 자율주행, 헬스케어, 개인비서, 스마트홈 등 다양한 분야에서 성과를 내고 있다. 딥마인드 등 우수한 기술력을 가진 인공지능 기업을 인수하고 인공지능 분야를 개척한 힌튼 교수 등 인공지능 전문가를 적극적으로 영입하며 인공지능에 대한 영향력을 키워가고 있다. 구글이 인수한 딥마인드는 2010년 창업된 인공지능 스타트업으로, 2014년 구글이 4억 유로에 인수하면서 가장 성공한 스타트업으로 평가받고 있다.

최근에는 영상 자료를 분석하여 질병을 진단하는 등 의료 분야에서도 의미 있는 성과를 거두고 있다. 통상적으로 유방암은 의사가 유방 조영술^{X선 촬영} 결과를 살펴 암세포를 찾아낸다. 하지만 암세포가 있어도 유방 조직에 가려지는 경우가 많아 찾아내기가 쉽지 않은데, 미국암협회에 따르면 유방암 검사의 20%는 암세포가 있는데 찾아내지 못하며, 암이 없는데 잘못 진단하는 사례도 상당히 많다. 구글은 인공지능이 유방암을 진단할 수 있도록 영국과 미국에서 각각 7만6,000명, 1만5,000명 이상의 유방 조영술 결과를 학습시켰다. 이후 조직검사를 통해 확진 여부가 가려진 영국인 2만5,856명, 미국인 3,097명의 유방 조영술 사진을 인공지능에 입력했는데, 그 결과 암 환자를 음성이라고 오진한 비율이 미국과 영국에서 각각 9.4%, 2.7% 낮게 나왔고, 암세포가 없는데 암이라고 오진한 비율도 각각 5.7%, 1.2% 낮았다고 한다.

그 외 스마트홈 서비스를 제공하는 구글 홈도 구글의 킬러 콘텐츠가 될 가능성이 커 보인다. 구글홈은 일반적인 AI 스피커와 다른 기능을 제공한다. 바로 목소리를 구별한다는 것인데, 보이스매칭 기술은 말하는 사람을 구별해 인식하고 해당 사람에게 맞는 일정과 필요한 정보를 전달해준다. 화자의 목소리를 개별적으로 인식하고 학습해 개인에게 맞춤화된 답변을 제공하는데, 여러 명의 가족이 함께 사용할 때 매우 유용하다.

구글이 공개한 대화형 인공지능 기술인 듀플렉스는 인공지능이 마치 사람처럼 언어를 구사해 가며 실제 인간과 대화하는 모습을 시연하고 있다. 듀플렉스가 미용실과 식당에 각각 전화를 걸어서 사용자를 대

듀플렉스가 식당에 전화를 걸어 예약하는 시연 영상 [63]

신해서 예약을 진행하는데, 인공지능의 전화를 받은 상점 사람들은 전화를 건 상대가 인공지능인지 전혀 눈치채지 못한 채 자연스럽게 대화를 하며 예약을 진행한다. 상대방은 그 대상이 기계인지를 전혀 몰랐기 때문에 튜링 테스트를 통과한 지능적인 인공지능이라고 생각할 수 있겠다.

한국의 초라한 성적표

2018년 195억 달러에 불과했던 글로벌 인공지능 시장은 불과 5년 만에 1,132억 달러 규모로 급성장하였다. 구글, 애플, 페이스북, 아마존 등 다국적 기업의 인공지능 기술개발 및 인재 확보 전쟁이 국가 간 전쟁으로 번지고 있다. 인공지능과 관련하여 오랫동안 리더십을 보여온 미국을 중국이 맹추격하고 있는 형국인데, 중국의 빠른 추격은 중국이 확보한 어마어마한 데이터와 인공지능 스타트업에 대한 과감한 투자에 있다.

그럼, 우리나라의 경쟁력은 어느 정도 수준일까? 한국정보화진흥원이 2020년에 발표한 보고서에 따르면, 영역별로 1위 국가와 비교했을 때 절반 수준 이상 되는 지표가 단 한 건도 없을 정도로 주요국과 큰 격차를 보여주고 있다.

▮ 1위 국가 대비 우리나라 인공지능 수준[64] ▮

(2018년 기준)

지표명	1위 국가	데이터 값	한국 데이터 값	1위 국가 대비 수준%
특허 등록^{합계}	중국	1,351건	497건	36.8
음성 인식 특허 등록	미국	211건	63건	29.9
컴퓨터 비전 특허 등록	중국	155건	13건	7.8
자연어 처리 특허 등록	미국	47건	5건	10.6
특허 점유율	중국	47.3%	17.4%	36.8
논문 등록 합계	중국	440건	37건	8.4
음성 인식 논문 수	미국	180건	23건	12.8
컴퓨터 비전 논문 수	중국	241건	14건	5.8
자연어 처리 논문 수	미국	82건	0건	0
대학교/대학원 수	영국	55건	0건	0
캐글 상위 랭커	미국	27명	1명	3.7
시장 규모	미국	766.5백만 달러	47.6백만 달러	6.2
인공지능 기업	미국	2,028개	26개	1.3
스타트업 수	미국	1,393개	465개	33.4

대부분 분야에서 미국과 중국이 1위를 달리고 있고, 교육 분야에서는 영국이 1위를 달리고 있다. 기술개발의 척도라 할 수 있는 특허의 경우 특허 등록 수는 1위인 중국 대비 36.8%에 불과하며, 컴퓨터 비전 분야의 특허는 중국 대비 7.8%의 낮은 경쟁력을 보여주고 있다.

---

64 출처: 한국정보화진흥원(2019), 2019 NIA AI Index-우리나라 AI 수준 조사.

인공지능 관련 기업 수도 미국이 2,028개, 우리나라는 26개에 불과한데, 미국의 전체 인구수가 우리나라의 6.5배인 것을 고려해도 큰 차이이다.

지표 중에 캐글 Kaggle 상위 랭커 수도 보인다. 캐글은 2010년 설립된 예측 모델 및 분석 경진대회 플랫폼으로, 인공지능 개발자들의 최대 커뮤니티이자 경진대회의 장이다. 기업 및 단체에서 데이터와 해결과제를 등록하면, 유관 분야의 전문가들이 이를 해결하는 모델을 개발하고 경쟁한다. 참가자의 성과에 따라 순위가 매겨진다. 학계와 연구기관, 기업의 소프트웨어 엔지니어와 데이터 과학자 등이 참가하며, 거액의 총상금이 걸린 과제 해결을 두고 치열한 경쟁을 벌이고 있다.

Jane Street Market Prediction Test your model against future real market data Featured • 13 days to go • Code Competition • 3805 Teams		$100,000
HuBMAP - Hacking the Kidney Identify glomeruli in human kidney tissue images Research • 2 months to go • Code Competition • 980 Teams		$60,000
RANZCR CLiP - Catheter and Line Position Challenge Classify the presence and correct placement of tubes on chest x-rays to save lives Featured • a month to go • Code Competition • 730 Teams		$50,000
VinBigData Chest X-ray Abnormalities Detection Automatically localize and classify thoracic abnormalities from chest radiographs Featured • 2 months to go • 543 Teams		$50,000
Human Protein Atlas - Single Cell Classification Find individual human cell differences in microscope images Featured • 3 months to go • Code Competition • 109 Teams		$25,000
Acea Smart Water Analytics Can you help preserve "blue gold" using data to predict water availability? Analytics • 8 days to go		$25,000
Cassava Leaf Disease Classification Identify the type of disease present on a Cassava Leaf image Research • 9 days to go • Code Competition • 3697 Teams		$18,000
Rainforest Connection Species Audio Detection Automate the detection of bird and frog species in a tropical soundscape		$15,000

캐글에 올라온 다양한 과제들 [66]

65　출처: https://www.kaggle.com/competitions

2021년 2월에는 1억 2천만 원이 걸린 대회에서 한국팀이 최종 우승을 차지했으며, 기업용 인공지능 솔루션을 개발하는 A사는 캐글에서 5개의 금메달을 수상하며 뛰어난 기술력을 입증받아 316억 원 규모의 투자를 유치하기도 했다. 하지만 캐글 상위 랭크 수도 미국의 3.7%에 불과한데, 이를 통해 볼 때 인공지능 기술과 인력 측면에서 격차가 큼을 알 수 있다.

빠르게 달리는 인공지능에 올라타기

학습의 결과가 축적되면서 인공지능의 수준도 크게 발전하고 있다. 초기에는 게임이나 문자인식 등에 국한되어 발전했지만, 현재는 지식처리 면에서 고도화되고 음성과 영상까지 정확하게 인식하고 있다. 인공지능은 주로 소프트웨어적인 측면에서 연구 및 개발이 이뤄졌지만, 지금은 인공지능을 구현하는 하드웨어 분야도 크게 발전하고 있다.

전문가들은 과거와 달리 인공지능을 희망적으로 보고 있다. 왜냐면 인공지능이 작동하기 위해서 고성능의 하드웨어와 소프트웨어 그리고 충분한 데이터가 필요한데 과거에 실현하기 어려웠던 기능을 충분히 수행할 수 있을 정도로 현재는 ICT 분야 기술력과 정보처리를 위한 장비 성능이 높아졌기 때문이다. 게다가 집단지성을 기반으로 인공지능을 함께 개발하는 협업 환경을 잘 갖춰나가고 있는데, 예전에는 하나의 기술이 개발되고 보급되기 전까지 수년이 걸렸지만, 최근에는 인공지능 모델링 작업을 위한 오픈소스 플랫폼인 텐서플로 ^{Tensorflow}, 개발자 협업 도구인 주피터 노트북 ^{Jupyter notebook}, 파이썬으로 작성된 오프소스 신경망 라이브러리인 케라스 ^{Keras} 와 같이 다양한 플랫폼이 등장함으로써 집단지성을 기반으로 인공지능을 개발할 수 있는 환경이 마련되고 있다.

인공지능 연구개발 ^{R&D} 조직의 연구성과 공유도 인공지능 기술개발에 크게 이바지하고 있다. 앞서 언급한 OpenAI는 인공지능 관련 연구 결과와 특허를 대중에게 공유함으로 인공지능 연구가 시너지를 내고 있다. 구인·구직 소셜 네트워크로 유명한 링크드인은 2019년까지 가장 높은 고용성장률을 보인 신규일자리를 발표했는데. 거기서 1위가 바로 인공지능 전문가였고, 2위는 로봇 엔지니어, 3위는 데이터 과학자로, 이러한 일자리는 모두 인공지능과 관련된 분야이다.

구글, 아마존, 애플, MS, 텐센트, IBM 등 글로벌 ICT 기업들은 인공지능 분야의 최고가 되기 위해 우수 인재를 경쟁적으로 스카우트하고 있고, 그렇다 보니 인공지능 전문가의 몸값은 천정부지로 치솟고 있다. 특히 알파고를 개발한 구글 딥마인드의 CEO인 데미스 허사비스의 성공 스토리가 알려지며 많은 인재가 인공지능 스타트업을 시작하고 있고, 많은 성공사례가 보고되고 있다. 인공지능 분야의 전문가가 아니더라도 어느 정도 기초 역량만 가지면 좋은 일자리를 구할 수 있고, 다양한 프로젝트 경험을 통해 자신의 몸값을 올릴 수 있어서 전공 또는 비전공 영역에서 많은 학생이 인공지능 관련 지식과 기술을 높이기 위한 노력을 하고 있다.

인공지능 프로젝트

전 세계의 유수 연구기관에서는 다양한 형태의 인공지능 프로젝트를 추진하고 있다. 이들이 어떤 프로젝트를 추진하고 있느냐를 살펴보면, 미래 인공지능의 발전 방향을 어느 정도 예상해볼 수 있다.

일례로 민간과 협력해 우주 · 항공 · 로봇 · 에너지 · 바이오 등 다양한 분야의 혁신 기술을 개발해 온 미 국방고등연구사업국 Defense Advanced Research Project Agency, DARPA 는 AI 프로젝트에 많은 예산을 투자하고

DARPA 로고

있다. DARPA는 세상을 바꾼 혁신 기술을 개발해온 조직으로 알파넷 ^{인터} ^{넷의 전신}, 마우스, 전자레인지, GPS, 수술 로봇, 드론, 음성인식 기술, 자율주행 자동차 등을 개발하였다. DARPA는 1960년대부터 지금까지 인공지능 관련 연구개발을 지속해왔으며, 최근 'AI Next Campaign'을 추진하였다. 해당 프로젝트에는 인공지능 기술과 스마트폰을 활용하여 군인의 건강도를 측정하는 'WASH 프로그램'과 재난구호, 평화유지, 전염병 대응과 같은 긴급 임무를 수행하기 위해 모든 언어 정보를 기반으로 상황인식을 제공하는 'LORELEI 프로젝트' 등이 있다. 프로젝트의 성공을 통해 스마트폰 하나만 있으면 전장에서도 군인들의 건강상태를 측정할 수 있으며, 소수 언어에 대한 기본적인 의사소통도 가능해질 것이다.

미국 스탠퍼드 대학교 연구진은 인공지능 100년 연구라는 거대 프로젝트에 착수했다. 연구진은 100년 동안 인공지능 기술을 연구하고 개

발하는 프로젝트를 수행하기 위해 전 세계의 과학자를 소집했는데, 여기에 소속된 연구진들은 사물을 식별하고 학습하며 추론하는 기계가 인간의 삶의 방식과 일하는 방식, 소통에 어떤 영향을 미치는지 고찰하고 있다. 인공지능 100년 프로젝트의 주요 연구 주제를 간단하게 살펴보면 다음과 같다.

l 인공지능 100년 프로젝트의 주요 연구 주제 l

연구 분야	주제
기술 트렌드	인공지능이 인간의 지능을 이길 수 있을까?
경제	• 주식시장의 분석가는 인공지능으로 대체될 수 있을까? • 인공지능은 미래 직업을 어떻게 바꿀까?
법률	• 인공지능의 판단 착오로 인해 피해가 발생하면 이것에 대해서 누가 책임을 져야 하는가? • 인공지능을 자연인, 법인에 이은 제3의 인격체로 규정할 수 있는가?
사생활 침해	• 인간을 감시하고 통제하는 빅 브러더가 진짜 현실화될까? • 이런 것들이 실제 나온다면 이를 막을 수 있는 어떤 대책이 마련되어야 할까?
전쟁/안보	인공지능이 장착된 첨단 무기가 나오면 전쟁은 어떻게 달라질까?
윤리	어떤 분야에서 인공지능 활용을 금지해야 할까?
통제력 강화	인간의 기대와는 별개로 움직이는 어떤 초인공지능이 나올 수 있을까? 나온다면 우리가 어떻게 해야 할까?

위 주제들은 현재 인공지능 연구와 관련해서 매우 중요한 영역으로 손꼽히고 있다. 이 모든 내용은 우리의 일상과 직장 생활, 나아가 국가 운영에도 밀접한 영향을 미치는 만큼 이러한 프로젝트에 대해 관심을 가져야 할 것이다.

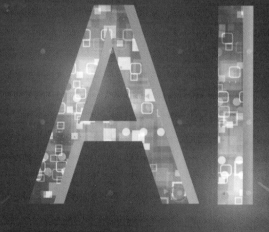

10

인공지능, 머신러닝,
딥러닝의 차이는
무엇일까?

CHAPTER 10

인공지능, 머신러닝, 딥러닝의 차이는 무엇일까?

인공지능의 핵심기술, 머신러닝과 딥러닝

인공지능을 전혀 모르는 사람들이 가지는 오해 중 하나는 머신러닝과 딥러닝, 인공지능을 개별적인 분야로 인식한다는 것이다. 인공지능, 머신러닝, 딥러닝은 족보가 같다. 인공지능 분야에 머신러닝과 딥러닝이라는 모델이 있고, 이들은 신경망neural network이라는 공통의 DNA를 가진다.

컴퓨터는 머신러닝 알고리즘을 이용해 데이터를 처리할 뿐 아니라 딥러닝을 통해 추가적인 프로그래밍 없이도 스스로 데이터를 학습하면서 지능화한다. 따라서 딥러닝을 좀 더 고도화된 알고리즘으로 보기도 한다. 어쨌거나 인공지능 분야의 전문가가 되려면 머신러닝과 딥러닝을 구현할 수 있어야 하며, 머신러닝과 딥러닝의 근간이 되는 인공신경망에 대한 이해도 필수적이다.

인공지능과 머신러닝, 딥러닝, 신경망의 관계

머신러닝이란?

머신러닝은 컴퓨터가 주어진 정보의 규칙을 분석하도록 하고 새로운 정보가 주어졌을 때 그 규칙을 기반으로 결괏값을 예측하는 기술이다. 머신러닝은 무언가를 프로그래밍한 것이 아니라 데이터로 학습해서 작업을 수행하는 방법을 컴퓨터에 가르치는 영역이다. 머신러닝은 우리말로 '기계학습'이라고 한다.

머신러닝은 다음과 같은 특징을 가진다.

첫째, 스스로 데이터에서 규칙이나 지식을 추출한다.
둘째, 코딩이 아닌 예제를 통해 학습한다.
셋째, 프로그래밍이 어려운 작업을 해결하는 데에 주로 활용된다.

아서 사무엘은 1952년에 '체커Checker'라는 게임을 개발했는데, 이것은 최초의 머신러닝 프로그램으로 경험으로부터 학습하는 방법을 사용했으며, 이는 인공지능 개발에 바탕이 되었다.

머신러닝은 이미지 처리, 영상인식, 음성인식, 인터넷 검색 등에 활용되고 있으며, 채팅봇, 자율주행자동차, 주가예측 등 다양한 분야에 널리 적용되고 있는데, 특히 예측 분야에서 탁월한 성과를 내고 있다.

컴퓨터 기반 정보처리와 머신러닝에는 어떤 차이점이 있을까? 컴퓨터를 활용해서 특정 업무를 처리하기 위해서는 인간이 컴퓨터에 이를 처리하는 방법과 규칙을 알려줘야 한다. 이것이 프로그래밍이며, 이를 통해 컴퓨터는 인간에게 결괏값을 알려준다. 그러나 머신러닝은 컴퓨터에 처리방법을 일일이 지시하지 않는다. 컴퓨터가 데이터를 분석하

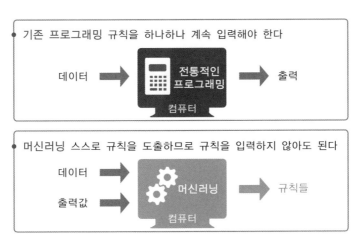

프로그래밍과 머신러닝의 차이

고 스스로 학습하는 과정을 거치면서 패턴을 인식하여 입력하지 않은 정보에 대해서도 컴퓨터가 패턴을 기반으로 스스로 판단을 할 수 있다. 머신러닝의 핵심은 데이터 기반 학습이다. 고품질의 데이터가 많으면 좋은 성능을 낼 수 있고, 머신러닝의 결과가 쌓이면 객체를 식별하는 정확도도 높아진다.

학습의 의미

머신러닝의 핵심은 학습이다. 학습은 모든 생명체가 가진 능력이다. 아기들은 엄마, 아빠라는 말을 몰라도 엄마와 아빠라는 말에 반응하고 이 둘을 구분할 수 있다. 문어가 성게를 잡아먹기 위해 성게에게 접근했다가 성게 가시에 한 번 찔리면 다시는 성게 곁으로 가지 않는다. 이처럼 반복적인 노출과 시행착오를 통해 생명체는 학습을 하고 사고를 진화시켜 나간다. 컴퓨터도 마찬가지다. 컴퓨터에 데이터를 학습시키고 이름표가 달린 개, 고양이 사진 입력하기, 컴퓨터가 제대로 학습했는지 확인하기 위해 다른 데이터를 보여주고 이름표가 없는 개, 고양이 사진 입력하기 컴퓨터의 반응을 본다 컴퓨터가 개와 고양이를 정확하게 분류했는지?. 컴퓨터가 데이터를 정확하게 인식하고 대상을 분류하거나 이후 상황을 정확하게 예측할 수 있다면, 충분한 학습이 이뤄진 것이고, 이때부터 상용화할 수 있는 수준이 되는 것이다.

다음 사례를 통해 인공지능이 어떻게 학습을 하는지 살펴보자. 개발자 홍길동은 컴퓨터에 필기체를 인식시키는 프로젝트를 수행하고 있다. 화면에서 보는 바와 같이 사람마다 다양한 글씨체를 가지는데, 이 글씨들을 보고 컴퓨터가 숫자를 판독하도록 학습을 시켜야 한다.

홍길동은 알고리즘을 만들어 열심히 컴퓨터를 학습시켰다. 이후 컴퓨터에 사람이 손으로 적은 숫자를 보여줬다. 보여준 숫자는 9였지만 컴퓨터는 이것을 4, 5, 8로 읽었다. 컴퓨터가 틀렸지만 억울한 점도 없지 않다. 이 사람이 워낙 악필이라 사람도 잘못 인식할 가능성이 크다. 하지만 세상에는 정자만 쓰는 사람만 있는 것이 아니므로 어떠한 악필도 컴퓨터가 정확하게 인식할 수 있도록 컴퓨터에 학습을 시켜야 한다.

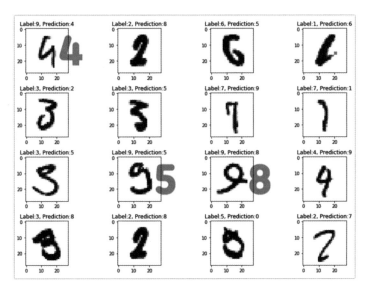

컴퓨터가 틀리게 인식하는 필기체

이것이 바로 논리모형 개발 및 정교화로, 인공지능 개발자의 직무 영역이다.

컴퓨터를 학습시킨 후에는 평가를 해야 한다. 평가는 컴퓨터가 업무를 잘 수행했는지를 판단하는 활동으로, 컴퓨터가 필기체를 인식하는 훈련을 받고 필기체를 정확히 알아내는 확률로 판단한다. 화면에서 보는 것처럼 9를 4로 읽는다거나 5나 8로 읽는, 즉 잘못 판단하는 경우가 많다면 논리모형의 정확도가 낮다고 평가된다. 계속 학습을 시켜서 평가에서 설정한 기준을 충족했다면 최적화 단계에 이른 것이다.

이러한 과정을 거쳐 개발된 모델이 바로 엠니스트 Modified National Institute of Standards, 이하 MNIST가 있다. MNIST는 손으로 쓴 숫자들로 이루어진 대형 데이터베이스로, 관공서나 은행에 가서 전자패드로 여러분의 주민등록번호나 휴대폰 번호를 입력할 때 입력한 손 글씨를 컴퓨터가 인식하

MNIST 데이터셋

도록 돕는다. 사람이 손으로 쓴 문장은 비정형 데이터이다. 이를 정형 데이터로 변환해야 컴퓨터가 처리할 수 있는데, 이때 손 글씨를 판단하기 위해 MNIST를 사용한다.

머신러닝의 분류

머신러닝은 지도학습, 비지도학습, 강화학습으로 분류된다. 이것은 컴퓨터를 학습시킬 때 학습데이터에 레이블을 달아서 주느냐 아니면 그냥 주느냐로 달라진다.

레이블label은 학습데이터의 속성으로 각 데이터에 정해진 특징을 말한다. 개에게는 '개'라는 레이블이 붙고 고양이에게는 '고양이'라는 레이블이 붙는다.

개와 고양이에 붙은 레이블

개와 고양이 사진에서 '이것은 개이고, 이것은 고양이다'라고 정해주고 학습을 시키면 지도학습이 되며, 알아서 구분하도록 했다면 비지도학습이 된다. 즉, 지도학습은 레이블이 있는 상태로 학습을 시키는 것이며, 비지도학습은 레이블이 없는 데이터를 학습시키는 것이다. 그러므로 지도학습에서는 개, 고양이로 명확하게 분류하지만, 비지도학습에서는 개인지 고양이인지는 모르나 생긴 게 비슷한 종끼리 군집화하여 결괏값을 제시한다. 반면, 강화학습은 알고리즘이 수행한 결과에 따라 수행방식을 스스로 진화시켜 나간다. 강화학습은 스스로 시행착오를 겪으며 학습하고 진화한다는 점이 기존 지도학습 및 비지도 학습과의 차이점이며, 시행착오 과정을 거쳐 학습하고 진화하기 때문에 사람의 학습방식과 가장 유사하다고 볼 수 있다.

스팸 필터링

이메일 보관함을 확인해보면 스팸메일 보관함이 따로 있는데, 스팸메일이 들어오면 스팸메일 보관함에 자동으로 들어간다. 이메일이 왔을 때 어떻게 스팸메일인지 아닌지를 알 수 있을까?

원리는 간단하다. 수많은 스팸메일을 머신러닝 알고리즘으로 학습시킨 후, 학습된 머신러닝 모델을 이용해 스팸메일을 분류할 수 있도록 하는데, 이를 위해 많은 메일 샘플을 보여주고 훈련을 시킨다. 스팸메일이라는 레이블이 달린 메일에 주로 어떤 단어와 표현이 들어가 있는지를 알면, 시스템이 스팸메일의 특성을 이해하고 스스로 분리하는 수준에 이른다. 그러면 새로운 이메일이 들어왔을 때 그동안 학습한 스팸메일과 비교해서 새로운 이메일이 스팸메일인지 아닌지를 컴퓨터가 스스로 판단한 후 스팸메일을 스팸메일 보관함으로 옮겨다 준다.

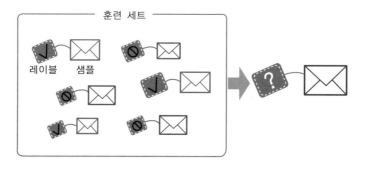

스팸 필터링의 작동 원리

우리가 받는 스팸메일 중에는 'RE : 문의에 대한 답변입니다.'라는 메일이 있다. 사람들은 '내가 문의한 게 있었나 보네?' 이렇게 생각하며 메일을 열어보는데 스팸인 경우가 상당히 많다. 이처럼 누구나 받아봄 직한 제목을 달아 클릭을 유도하고 있는데 이러한 지능적인 스팸메일조차 인공지능이 잘 걸러주고 있다. 이처럼 스팸 필터링은 지도학습의 결과물이다.

머신러닝을 이용한 전염병 확산 예측 사례

인공지능 스타트업인 블루닷은 머신러닝을 이용해 전염병 확산을 예측하였다. 2020년 초 블루닷은 코로나19의 집단감염을 가장 먼저 예측했는데, 미국 질병통제센터와 WHO보다 앞서서 신종 코로나19의 확산을 경고하였다. 이 사례는 인공지능을 활용해서 감염병을 예측하고 확산을 방지할 수 있다는 것을 보여주고 있다.

'블루닷'이 머신러닝을 이용해 전염병 확산을 예측한 결과 [66]

블루닷의 창업자인 캄란 칸Kamran Khan 박사는 의사이다. 그는 2003년 사스SARS가 유행했을 당시 토론토에서 전염병 전문가로 일했는데, 그때의 경험을 살려 블루닷을 창업했다. 칸은 사스가 전 세계를 위험에 빠트리는 것을 보며 전염병에 대한 대응을 위한 방안을 찾기 시작했다. 이후 그는 블루닷을 창업했고, 여러 곳으로부터 확보한 방대한 데이터를 자연어 처리기술과 머신러닝 기술을 이용해 분석했다. 블루닷은 감염된 사람의 예상 이동 경로를 파악하기 위해 글로벌 항공사 발권 데이터를 분석했고, 우한에서 방콕, 서울, 타이베이, 도쿄에서 신종 바이러스 감염자가 나타날 것을 예측했다. 이처럼 블루닷은 인공지능을 활용한 데이터 분석으로 코로나19 바이러스의 전파를 입증하였다.

---

66 출처 : https://bluedot.global/business/

비지도학습 : 한양마트 고객 분류하기

이전에 설명했듯이 비지도학습은 데이터에서 스스로 특징과 구조를 발견해내는 방식이다. 개와 고양이의 이미지만 보여주고 개와 고양이를 알아서 분류하도록 했다면 이것은 비지도학습에 해당한다. 분류를 위한 비지도학습을 위해 군집을 사용한다. 군집^{clustering}이란 비슷한 것끼리 묶는다는 의미로, 동일한 집단에 속하는 데이터 간에 유사도가 높은 것끼리 묶는 행위를 말한다.

한양마트는 우수고객에 대한 충분한 데이터를 확보하고 있다. 마트 사장님은 우수고객을 구매유형에 따라서 비슷한 유형끼리 묶어서 유형별 마케팅을 전개하고 싶어한다. 하지만 우수고객들이 어떤 그룹에 속하는지 알려줄 수 있는 데이터 포인트를 찾지 못하는 상황이다. 이에 마트 사장님은 알고리즘을 이용해 고객 간 연결고리를 찾고자 비지도학습을 사용했다. 신기하게도 인공지능이 알아서 네 개의 그룹으로 나눠주었는데 그룹별 특징을 추가적으로 분석한 결과, A그룹은 식품을 주로 구매하고 한번 구매 시 15만 원 이상 구매하는 특징이 있었으며, B그룹은 생활용품을 주로 구매하고 한번 구매할 때 평균적으로 10만 원 이상 구매한다는 특징이 있다는 것을 알게 되었다. 이처럼 군집방식을 이용하면 대상을 비슷한 유형끼리 묶을 수 있다.

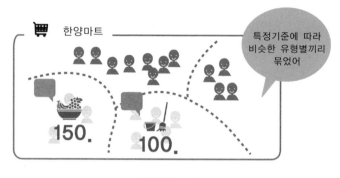

군집분석 결과

군집분석을 이용해서 기업들은 고객을 유사한 성향끼리 묶어서 고객들의 성향에 맞는 서비스를 개발할 수 있다. 가령, 홈쇼핑 물류센터를 결정할 때도 군집을 이용할 수 있는데, 특정 아이템에 대한 주문이 잦은 지역을 분석해서 그 지역과 가장 가까운 위치에 특정 아이템을 보관하는 물류센터를 선정할 때도 이 방법을 적용할 수 있다. 그 외에도, 야간 약국의 위치를 선정하거나, 이상 거래에 대한 승인을 요청할 때, 카드 소유자에게 자동으로 경고 메시지를 전송해주는 부정 사용 감지 시스템에도 이러한 군집분석을 이용할 수 있다.

기업에서 처리하는 데이터의 양은 엄청나다. 이것을 사람이 수작업으로 나누거나 엑셀로 분류하는 것은 거의 불가능하며 이러한 데이터를 어떠한 특징으로 구분할지를 정하기도 쉽지 않다. 이 경우 데이터의 속성상 어떻게 묶이는지, 어떤 데이터끼리 묶이는지를 알려만 줘도 큰 도움이 될 것이다. 다만, 묶이는 집단이 각각 어떤 특징이 있는지를 알기 위해서는 추가적인 분석이 필요하다.

강화학습 : 강아지 훈련하기

강화학습이란 컴퓨터가 반복적/역동적으로 환경과 상호작용함으로써 특정 과업을 수행하는 방법을 배우는 방식으로, 행동 심리학에서 나온 이론을 빌려 개발된 모델이다. 강화학습은 문제와 답을 주지 않고 특정 행동에 대해서 보상을 해서 컴퓨터를 학습시킨다. 가령 이미지를 맞추면 10점, 틀리면 0점을 부여해서 컴퓨터 스스로가 개와 고양이를 구분하도록 지원하는 방식이다.

예를 들어보자. 나애리 씨는 자신이 키우는 강아지인 댕댕이를 훈련하기를 원한다. 그래서 막대기를 던져서 물어오면 간식을 주고 그렇지 않으면 간식을 주지 않으려 한다. 댕댕이는 간식을 먹고 싶어서 짖어도 보고 주인에게 애교도 부려보지만, 주인이 간식을 주지 않는다. 주인의 행동을 곰곰이 관찰하면서 댕댕이는 막대기를 던졌을 때 이를 물어오면 간식을 준다는 것을 알게 되었고, 이후부터는 간식을 먹기 위해 던져진 막대기를 물어온다. 에이전트인 개는 훈련의 대상이 된다. 이러한 에이전트를 훈련해서 어떠한 환경 속에서 과제를 완수하도록 하는 것이 학습이고, 개 주인은 개와 상호작용하는 환경에 해당한다. 개 주인이 명령하면 개는 그것을 관찰하고 이어 반응을 한다. 그 반응이 원하는 바에 근접했다고 하면^{정답이라고 하면} 개 주인은 간식으로 보상을 할 것이고, 아니면 보상하지 않거나 벌을 줄 수 있을 것이다.

이처럼 컴퓨터에게 보상 및 벌을 동반한 훈련을 실시함으로써 정확한 의사결정을 유도할 수 있는데, 이것이 바로 강화학습의 원리이다.

게임을 강화학습으로 개발하면 프로그래밍에 들어가는 비용을 최소화할 수 있다. 인간과 대결하는 게임을 개발할 경우 지도학습으로 학습시키려면 게임에서 발생하는 모든 상황에 대한 답을 하나하나 설정해야 한다. 그러므로 학습데이터를 구하는 일이 쉽지 않다. 모든 상황에서의 게임 방식을 입력하지 않고 게임 스스로 게임 환경에서 높은 점수를 얻는 방법을 찾아가며 행동하다 보면 높은 점수를 얻는 방법을 습득하게 되며, 개발자의 개입 없이도 점수를 높이는 알고리즘을 스스로 가질 수 있게 된다.

딥러닝이란?

딥러닝은 머신러닝 기술의 일종으로, 여러 개의 층을 가진 인공신경망ANN을 사용하여 머신러닝 학습을 수행하며, 우리 말로는 '심층 학습'이라고 부른다.

딥러닝은 컴퓨터가 스스로 데이터에서 특징을 추출한다. 가령 컴퓨터에 고양이 사진을 학습시킨다면 머신러닝에서는 고양이의 외형적 특징을 컴퓨터가 인식할 수 있도록 미리 설계해주어야 하지만, 딥러닝은 고양이 사진을 제공하면 컴퓨터가 스스로 고양이의 특징을 찾아내서 분류하는 식이다. 딥러닝은 스스로 데이터에서 특징을 추출하고 이를 기반으로 학습함으로써 인공지능의 성능을 개선해 나간다.

딥러닝의 대표적인 응용 분야로 자율주행차를 들 수 있다. 자율주행차의 핵심은 자동차의 능동적이고 정확한 의사결정 기능이다. 차를 운전할 때 운전자가 직접 판단해야 하는 경우가 대부분이다. 자율주행차는 운전자를 대신해서 차를 몰아주는 차량인데, 모든 상황에 대비해 차량을 학습시키는 것은 사실상 불가능하다. 자율적으로 동작하는 기기가 작동하는 도중 발생하는 모든 상황에 대해 미리 프로그래밍한다고 하더라도 대응 불가능한 상황이 발생하기 마련이고, 예외 상황에 대해 미리 프로그래밍이 되어 있지 않다면 아무런 조치를 하지 못하게 됨으로써 결국 대형 사고로 이어질 것이다. 하지만 상황에 따른 최적의 해를 자동차가 스스로 도출해낼 수 있다면 얘기는 달라진다. 딥러닝 기술은 인공지능의 성능을 스스로 개선하는 기술로 안전한 주행을 보증해야 하는 자율주행차 등에 필수적인 기술로 자리잡고 있다.

딥러닝 기술의 집약체 자율주행차 [67]

자율주행차가 도로를 달리다가 강아지를 보고 멈춘다. 자율주행차가 강아지를 인식했기 때문이다. 그런데 어떠한 근거로 강아지로 인식했는지를 물어보면 답을 하지 못한다. 자율주행차는 학습을 통해 나도 모르게 강아지를 알아볼 수 있는 인공신경망이 만들어진 것이다. 어떤 근거로 강아지로 인식했는지 설명할 수는 없지만, 어쨌거나 강아지를 정확하게 식별해 낸다.

엔지니어가 자율주행차에 강아지가 어떻게 생겼는지 친절하게 가르쳐준 것도 아니다. 자율주행차는 도로를 달리다가 무수히 많은 개체와 만났고 목에 줄이 매인 채 네 다리로 뛰어다니는 동물을 같은 부류로 인식한 것이다. 이것을 가능하게 하는 기술이 바로 딥러닝이다.

마쓰오 유타카가 쓴 「인공지능과 딥러닝」에서는 인공지능을 그 수준에 따라 4개의 레벨로 구분하고 있는데, 딥러닝은 가장 높은 수준인 레벨 4에 해당한다.

- 레벨 1 : 단순 제어 프로그램 탑재 수준으로, 인공지능 청소기, 인공지능 세탁기와 같이 제어공학의 범주 내에 들어가는 기술 수준을 의미함
- 레벨 2 : 지극히 많은 입력과 출력의 조합 수를 판단하기 위해 추론/탐색, 판단하는 프로그램 수준으로 장기 프로그램, 청소 로봇, 질문에 대답하는 인공지능 등이 여기에 해당함
- 레벨 3 : 검색엔진이 내장되어 있거나 빅데이터를 바탕으로 자동으로 판단하는 인공지능. 추론의 구조나 지식 베이스가 데이터를 바탕으로 학습하는 것으로 머신러닝 알고리즘이 이용됨
- 레벨 4 : 머신러닝을 할 때 데이터를 나타내기 위해 사용되는 입력값^{특징} 자체를 학습하는 딥러닝이 여기에 해당함

다층 신경망의 일종인 딥러닝은 영상, 음성 등 대용량의 데이터로부터 특징을 추출하여 패턴을 인식하는데 좋은 성과를 내고 있다.

딥러닝의 역사

딥러닝은 인공신경망의 일종이다. 인공신경망의 기원은 1943년으로 거슬러 올라간다.

1943년 워렌 맥컬록Warren McCulloch과 월터 피츠Walter Pitts는 인간의 두뇌를 이진 원소의 결합으로 추측했다. 이들은 이진 원소인 뉴런은 on과 off 상태에 있는데, 전기 스위치처럼 켰다 껐다 하는 기능이 있는 인공신경을 그물망처럼 연결하면 사람의 뇌에서 작동하는 아주 간단한 기능을 구현할 수 있다는 것을 이론적으로 증명하였다.

1957년 로젠블래트는 간단한 형태의 선형분류기인 퍼셉트론을 고안하였다. 선 하나로 데이터를 분리할 수 있는 퍼셉트론은 대부분의 연산을 지원하면서 대단한 발견으로 평가받았지만, XOR 연산은 불가능하다는 것이 입증되면서 인공지능의 1차 빙하기가 찾아온다.

20년 이상 인공지능의 냉각기가 이어지던 어느 날, 일본의 전기 엔지니어였던 쿠니히코 후쿠시마Kunihiko Fukushima 박사는 신경 과학과 전기공학을 결합하여 뇌의 시각 피질과 유사한 인공신경망인 네오그니트론Neocognitron을 발명했다. 네오코그니트론은 7개의 층으로 구성되어 있다. 층이 많다는 것은 그만큼 패턴을 정확하게 인식할 수 있다는 의미이다. 이론적으로 이 모델은 매우 정교하고 우수했지만, 패턴 학습에 시간이 너무 오래 걸려 상용화되지는 못했다. 네오코그니트론이 개발된 해는 1980년으로, 그 당시 하드웨어나 소프트웨어 파워가 턱없이 부족했다. 이처럼 모델링을 위한 환경은 부족했지만, 개념적으로는 우수한 모델이어서 전문가들은 네오코그니트론을 딥러닝의 시초로 보고 있다. 이후 얀 레쿤Yann Lecun이 해당 모델을 발전시키면서 이미지 인식 딥러닝 모델인 CNN으로 재탄생하였다.

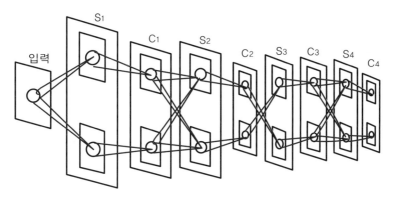

7개의 층을 가진 네오코그니트론

1986년, 인공신경망 분야는 새로운 전기를 마련한다. 다층 퍼셉트론Multi-Layer Perceptron, MLP이 개발된 것이다. 다층 퍼셉트론과 다르게 입력과 출력 사이에 은닉층을 넣어 XOR 문제를 해결했다. 또한, 여러 개의 은닉층을 학습하기 위해 역전파 알고리즘을 이용했다.

2006년 제프리 힌튼Geoffrey Hinton 교수는 논문을 통해 심층신뢰망Deep Belief Network, DBN을 제안했다. 심층신뢰망은 입력층과 은닉층으로 구성된 신경망을 블록처럼 여러 층으로 쌓은 방식이다. 기존 방식은 입력 데이터만 가지고 학습함으로써 층이 많아질수록 오히려 정확도가 떨어지는 부작용이 발생했는데, 힌튼 교수가 제시한 심층신뢰망DBN은 이러한 문제를 해결하였다. 실제로 2012년에 열린 이미지 인식 경연대회에서 심층신뢰망으로 출전한 힌튼 교수팀이 우승을 차지했고, 이때부터 본격적인 딥러닝의 시대가 열렸다.

적대적 생성망(GAN)

적대적 생성망의 개념

2014년 구글의 컴퓨터 과학자인 이안 굿펠로우 Ian Goodfellow 는 적대적 생성망 Generative Adversarial Network, GAN 이라는 알고리즘을 개발했다. 적대적 생성망 GAN 은 이미지의 진위를 판단하는 '감별자' 알고리즘과 이미지를 만들어내는 '생성자' 알고리즘을 대립시켜 영상을 조작하는 원리이다.

'ThisPersonDoesNotExist.com'이라는 사이트[68]에선 세상에 없는 사람의 얼굴을 만들어낼 수 있다. 세상에 없는 사람의 얼굴이라고 하기엔, 어디엔가 진짜로 했을 것 같은 진짜 사람의 얼굴이다. 이처럼 진짜 사람과 똑같은 이미지를 만들어내는 데 적대적 생성망이 사용된다.

'ThisPersonDoesNotExist.com'의 예를 들어 설명하자면, '생성망'은 수많은 얼굴 데이터를 학습한 뒤 사람의 얼굴과 비슷한 가짜 이미지를 만든다. 그러면 '판별망'은 '생성망'이 만든 얼굴 이미지가 진짜인지를 판단하는데, 적대적 생성망에 '적대적'이라는 단어가 들어간 이유는 생성

---

68 편집자 주 : 웹 브라우저에서 새로고침할 때마다 존재하지 않는 사람의 얼굴 이미지가 보입니다.

망과 판별망이 서로 적대적인 관계에서 경쟁하기 때문이다. 이렇게 생성망과 판별망이 경쟁하면서 점점 그럴듯한 얼굴이 만들어지고, 나중에는 사람이 구별하기 힘들 정도로 진짜 같은 얼굴을 만들어지는 것이다.

적대적 생성망으로 만들어낸 가짜 이미지 [69]

적대적 생성망을 화폐 위조범과 경찰에 비유해 설명해보면 다음과 같다. 위조 지폐범이 위조지폐를 찍어내고 이를 유포하자 경찰은 지폐를 수거해 위조지폐 여부를 판단하였다. 조직은 경찰이 속으면 위조 지폐범에게 포상을 하고 반대로 경찰이 위조지폐를 찾아내면 벌을 주었다. 이렇게 되면 위조 지폐범은 벌을 피하고 포상을 받기 위해 최대한 정교하게 위조지폐를 찍어낼 것이다. 이러한 방식으로 컴퓨터를 학습시키면 생성망은 실제와 똑같은 이미지를 생성하게 되고, 감별망은 가짜를 더욱 확실하게 구별하게 되면서 결국 감별망이 가짜 이미지를 식별하지 못하게 되는 진짜 같은 가짜가 만들어지는 것이다.

69   출처: https://thispersondoesnotexist.com

적대적 생성망의 활용

가짜 이미지 제작 기술은 이미 오래전부터 있었다. 하지만 과거 이미지는 하나하나 수작업으로 편집됐기 때문에 한눈에 봐도 이상했고 이미지를 확대하면 조작한 티가 더 확실하게 났다. 그런데 영상편집 기술이 인공지능 기술인 적대적 생성망과 만나면서 진짜와 가짜를 감별해내기가 어려울 정도로 조작이 정교해진 것이다.

아래 이미지는 미국의 인기 코미디언이자 배우인 빌 헤이더의 얼굴이 몇 초 후 아널드 슈워제네거로 바뀌는 딥페이크 영상이다. 딥페이크deepfake는 딥러닝deep learning과 페이크fake의 합성어로, 특정 인물의 음성 및 사진, 영상정보를 가지고 인공지능으로 복제하는 기술을 말한다. 둘 다 진짜 이미지로 보이지만 왼쪽은 진짜 이미지이고 오른쪽은 합성된 이미지이다. 얼굴과 표정이 달라도 자연스럽게 합성해주기 때문에 사람들은 쉽게 속는다.

얼굴이 바뀌는 딥페이크 영상[70]

70　출처 및 영상 자료 : https://youtu.be/bPhUhypV27w

2017년 워싱턴대학교는 오바마의 목소리에 맞춰 립싱크하는 '오바마 AI'를 만들었다. 연구진은 오바마의 영상에 목소리를 입히고 말에 따라 표정을 짓도록 만들었다. 오바마의 연설을 보고 인공지능이 신경망 학습을 통해 입 모양을 합성하는 방식이었는데, 상당수의 사람은 진짜와 가짜를 구별하지 못했다.

오바마 AI(오른쪽이 합성 이미지임) [71]

이러한 기술은 다양한 용도로 활용될 수 있다. 가령 여러분이 보육기관의 홈페이지를 디자인하면서 아이들 사진을 구해야 한다고 가정해 보자. 이 경우 전문 모델을 기용하거나 아는 분들에게 요청해서 자녀들을 모델로 쓰거나 유료 이미지를 사서 사용해야 할 것이다. 무심코 인터넷에 떠도는 사진을 사용했다면 바로 초상권 침해로 법적 책임을 물게 될 것이다. 하지만 적대적 생성망을 이용하면 초상권에 구애됨 없이 다양한 이미지를 직접 생성해서 사용할 수 있다.

---

71 출처 및 영상 자료 : https://youtu.be/9Yq67CjDqvw

그러나 적대적 생성망이 악용될 때 사회적 파급효과는 감당할 수 없는 수준에 이를 수 있다. 가령, 대통령의 이미지를 합성하여 "오늘로 전쟁을 선포한다."라는 기자회견 영상을 만들어 인터넷에 뿌렸다고 가정해 보자. 물론, 사실 여부는 금세 확인되겠지만 이 기사를 접하고 느끼는 국민의 공포감은 쉽게 사라지지 않을 것이다. 아무리 좋은 기술도 나쁜 목적으로 쓴다면 나쁜 결과를 가져오기 마련이다.

딥러닝의 고수들

딥러닝의 탄생과 발전에 기여한 선구자로 제프리 힌튼, 얀 레쿤, 앤드류 응Andrew Ng 등을 꼽을 수 있다. 제프리 힌튼 토론토대 교수는 현대 딥러닝 알고리즘을 완성하는 데 가장 크게 기여한 인물로 손꼽힌다.

모두가 인공신경망을 외면하던 시기에도 꿋꿋하게 인공신경망을 연구해온 학자가 바로 토론토 대학교의 제프리 힌튼 교수이다. 힌튼 교수는 2006년 「A fast learning algorithm for deep belief nets」라는 논문을 발표하면서 인공신경망의 최적화 방안을 제안했다. 해당 논문을 기점으로 인공신경망 연구는 다시 부흥기를 맞게 되며, 당시부터 활발해진 빅데이터 연구와 시너지를 내면서 학문적으로나 상업적으로나 유의미한 성과를 거두게 된다.

안 레쿤, 제프리 힌튼, 요수아 벤지오, 앤드류 응(왼쪽부터) [72]

　페이스북 AI랩을 이끄는 얀 레쿤 교수와 코세라 창업자로 유명한 앤드류 응이 제프리 힌튼 교수의 제자이다. 앤드류 응의 페이스북에는 딥러닝 4대 천왕이 한자리에 모인 사진이 있다. 왼쪽부터 얀 레쿤, 제프리 힌튼, 요수아 벤지오Yoshua Bengio, 앤드류 응이다. 요수아 벤지오는 몬트리올 대학의 교수로, 딥러닝을 개발한 공로로 튜링상을 받은 인공지능의 석학이다. 적대적 생성망은 구글 브레인에서 머신러닝을 연구하던 이안 굿펠로우가 제안했는데, 이안 굿펠로우는 요수아 벤지오의 제자이며, 얀 레쿤은 적대적 생성망을 딥러닝의 최고 핵심기술로 꼽는 등 인공지능 분야에서 그들만의 강한 네트워크를 형성하고 있다. 이러한 노력의 결과로 2018년 얀 레쿤, 제프리 힌튼, 요슈아 벤지오는 공동으로 튜링상을 받게 되었다.

72　출처: https://www.newspim.com/news/view/20190120000073

이들은 딥러닝의 선구자로 대중적인 지지를 얻고 있다. 다만, 사제 관계로 똘똘 뭉친 강력한 네트워크와 구글, 페이스북, IBM 등 대기업의 지원을 통해 그들만의 철옹성을 쌓아가고 있다는 비판도 있다. 그러나 딥러닝이 음지에서 양지로 나와 학문적으로나 산업적으로 발전하는데 지대한 기여를 했다는 점에 대해서는 이론의 여지가 없다.

구글의 프로젝트 선루프

프로젝트 선루프Project Sunroof는 구글이 추진하고 있는 친환경 프로젝트 중 하나이다. 프로젝트 선루프는 지붕에 태양열 패널을 설치함으로써 얼마만큼의 전기를 얻을 수 있는지를 분석해 주는 서비스로, 자신이

구글의 '프로젝트 선루프' [73]

---

73 출처 : https://sunroof.withgoogle.com/#/p=0

사는 집 주소를 입력하면 집 지붕에 태양열 판자를 설치할 수 있는 공간이 얼마나 되는지, 사용 가능한 태양열은 어느 정도이고 이를 통해 절약하는 비용이 얼마나 되는지를 알 수 있도록 도와준다.

프로젝트 선루프는 구글어스가 제공하는 영상 데이터를 사용한다. 지붕에 도달할 태양열을 측정하기 위해 주변 설치물로 인한 음영을 계산하고 지역의 날씨 패턴까지 고려하여 태양열을 정확하게 산출한다. 이때 지붕을 다른 물체와 분리하여 태양열이 닿는 면적을 계산하고 태양의 궤도와 날씨 등을 고려하여 에너지를 산출할 때 딥러닝 모델을 이용한다.

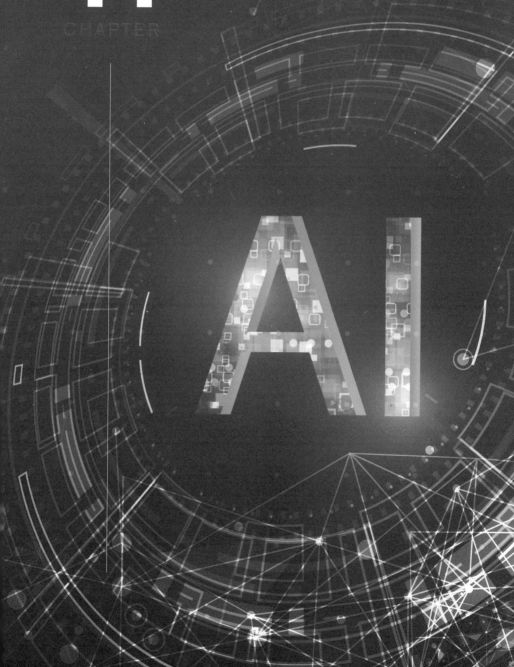

11

CHAPTER

인공지능이 당신의
일자리를 위협할까?

AI

CHAPTER 11

인공지능이
당신의 일자리를 위협할까?

로보 바리스타가 만들어주는 커피

인공지능이 인간을 완전히 대체하는 날이 올까? 우리는 정말 인공지능에 일자리를 빼앗기게 될까? 완벽하지는 않지만 이미 어느 정도 시작이 되었다고 본다. 이미 산업현장에서는 약한 인공지능이 인간의 업무를 지원하거나 대체하고 있다.

여러분은 로봇이 타주는 커피를 마셔본 적이 있는가? 로보 바리스타는 키오스크 또는 스마트폰으로 커피를 주문하고 결제하면 로봇이 주문받은 커피를 제조해 준다.

로보 바리스타는 눈 깜빡임이나 윙크 등 여러 가지 표정을 지어 손님들에게 놀라움을 준다. 커피를 건네주는 손은 갈고리 모양으로 누가 봐도 로봇의 손인데, 처음에는 사람처럼 5개의 손가락으로 구현했으나, 여기서도 불쾌한 골짜기 현상이 나타난 것인지 사람들이 징그럽다는 반응을 함에 따라 갈고리로 모양으로 바뀌었다고 한다.

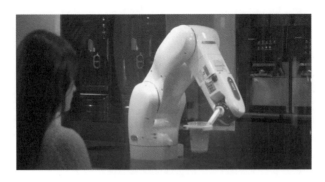

로보 바리스타 [74]

휴게소에도 종종 로보 바리스타로 운영되는 무인 점포를 만날 수 있는데 주문 프로세스는 다음과 같다.

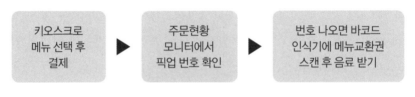

| 키오스크로 메뉴 선택 후 결제 | ▶ | 주문현황 모니터에서 픽업 번호 확인 | ▶ | 번호 나오면 바코드 인식기에 메뉴교환권 스캔 후 음료 받기 |

무인점포 내 커피 주문 프로세스

커피를 주문해서 받기까지 1분 정도가 걸린다. 커피를 만드는 과정이 투명하게 보이니 생각보다 시간은 짧게 느껴진다. 과거에도 이와 비슷한 방식이 있었다. 바로 커피 자판기이다. 하지만 로보 바리스타와 커피 자판기의 차이점이 있다면, 좀 더 깨끗하고 투명한 공간에서 갓

74　출처 및 영상 자료 : https://youtu.be/iTavE7AHU1w

볶은 신선한 원두로 더 맛있는 커피를 만들어준다는 것이다. 그래서 가격이 비싼 건데, 더 중요한 것은 고객의 취향을 고려한 커피 추천이 가능하다는 것이다. 고객이 로보 바리스타를 이용함에 따라 고객의 주문 정보가 차곡차곡 쌓인다. 로봇은 이 데이터를 활용해서 고객의 기분이나 선호, 취향에 맞는 커피를 추천해줄 수 있다. 게다가 무인 점포로 운영되는 '365 카페'에서 언제든지 커피를 사 마실 수 있다면 분명히 경쟁력이 있다. 기존보다 더 나은 혜택을 제공한다면 사람들은 그 대안을 선택하기 마련이다. 그 대안이 로봇과 인공지능의 결합인 로보 바리스타가 될 수 있다.

일자리의 탄생과 소멸

4차 산업혁명의 핵심 기술로 인해 자동화/지능화가 가속화되고 인공지능과 빅데이터 등 4차 산업혁명과 관련된 일자리는 점점 늘어날 것으로 예상되는데, 그 덕분에 지금 존재하지 않은 새로운 직업도 많이 생겨나고 지금은 서로 다른 분야와 기술 간의 융합을 통해서 새로운 산업과 신규 서비스가 생겨나고 있다.

이처럼 인공지능의 발전으로 새로운 서비스가 만들어지고 새로운 일자리가 생기면서 고용과 경제에도 도움이 될 것이다. 과거 역사를 돌이켜보면 자동차가 등장하면서 마차나 말 관련 직업들이 다수 사라졌지만, 자동차를 모는 기사나 자동차 정비업, 자동차 보험과 같은 새로운 업종이 생기면서 더 많은 직업이 만들어졌고 시장과 고용의 규모가 심하게 증가한 이력이 있다. 반면 기계화, 자동화, 지능화로 인해 지금의 일자리 중 일부가 사라지고 산업 구조도 근본적으로 재편될 가능성도 있다. 그렇게 되면 고용 불안이나 대량 실업 등의 사회 문제가 발생할 가능성이 있다. 물질적으로는 풍요할지 몰라도 많은 직장인이 실업의 불안감 속에 살아가게 될 것이다. 아르바이트도 마찬가지이다.

최근 들어 무인점포로 운영되는 편의점이 증가하고 있다. 팬데믹으로 소비자는 비대면 서비스를 선호하는 추세고, 점주는 인건비 부담을 느끼면서 사람 없이 운영되는 무인 편의점이 빠르게 늘고 있다. 매장 입장 시 QR 코드를 찍고 매장에 들어가서 물건을 들고나오면 미리 등록한 신용카드로 계산이 이뤄지고, 휴대폰에 거래 내역이 뜬다. 사람과 단 한 번도 접촉하지 않고 모든 프로세스가 끝난다.

국내 기업이 운영하는 무인매장 전경

우리나라는 치안 상황이 좋고 ICT 인프라가 우수하며, 편의점을 주로 사용하는 고객층이 비대면과 디지털에 익숙한 여러 가지 요소들이 맞아떨어지면서 무인점포가 활성화되고 있다. 현재는 시간에 따라 직원을 투입하는 혼합형 매장 형태로 운영되고 있으나, 소비자의 행동 변화와 인프라의 고도화를 통해 무인매장은 급격하게 증가할 것으로 예상된다. 이 경우 취약계층의 일자리가 부족해지고 디지털에 익숙하지 않은 노인들의 편의점 이용이 어려워질 것으로 예상된다. 컨설팅 회사인 맥킨지McKinsey가 2018년에 발표한 자동화에 따른 일자리 변화 보고서에 따르면 1인당 GDP가 높은 국가일수록 자동화로 인한 일자리 대체 비율이 높은 것으로 나타났다.

인류 역사상 오래된 일자리는 사라지고 그 빈자리는 새로운 일자리가 채워왔다. 인공지능으로 사라지는 일자리를 더 좋은 일자리로 대체하기 위해서 우리 모두 노력해야 할 것이다.

인공지능의 직업 대체 가능성

내 직업은 로봇과 인공지능으로부터 안전할까? 특정 직업이 로봇으로 대체될 확률이 궁금하다면, BBC가 운영하는 사이트[75]에서 테스트해 보기 바란다.

75 테스트하기 : http://www.bbc.com/news/technology-34066941

BBC는 2015년부터 'Will a robot take your job?'이라는 서비스를 제공하고 있는데, 366가지 직업 중 로봇의 대체 가능성을 %로 보여준다. 여러분의 직업과 비슷한 직업을 선택하면 앞으로 그 직업이 로봇으로 대체될 확률을 알려준다. 저자의 직업이 대체 가능한 직업인지 한번 알아보겠다. 대학교수에 가장 가까운 'Higher education teaching professional'로 선택해서 확인해본 결과는 다음과 같다.

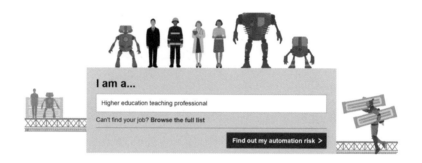

분석 결과, 로봇이 대체할 확률은 3%로 나온다.

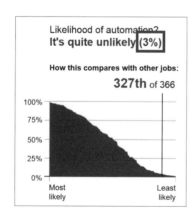

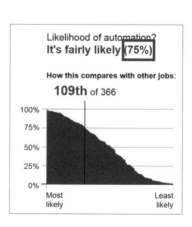

다음은 콜센터 근무자call and contact centre worker를 알아보자. 확인 결과, 약 75% 정도 대체 가능성이 있는 것으로 나온다. 콜센터 상담사는 대부분 챗봇으로 대체될 것으로 예상되는 직업군인데, 여전히 인간의 판단이 필요한 복잡한 문의나 민원이 많다는 점에서 75%로 나온 것이다.

366개의 직업 중 기계에 의한 대체가 쉬울 것으로 예상되는 직업은 다음과 같다. 이러한 직업의 공통점은 사회적 변화로 일자리가 사라지거나, 단순 노동력을 요구하는 일자리라는 것이다. 즉, 정해진 규칙에 따라서 업무를 처리하는 경우 기계가 인간보다 더 정확하게 수행할 수 있다는 직종이라는 점에서 대체할 수 있다고 보는 것이다.

I 366개의 직업 중 기계에 의한 대체가 쉬울 것으로 예상되는 직업 I

순위	직업명	자동화 위험
1	통신기기 판매원	99.0%
2	키보드 작업자	98.5%
3	법률 비서	97.6%
4	재무회계 관리자	97.6%
5	검사자 및 테스터	97.6%
5	계량·분류하는 사람	97.6%
7	영업 관리자	97.2%
8	경리 담당자, 급여 관리자 또는 임금 사무원	97.0%
9	재무 담당자	97.0%
10	연금·보험 사무원	97.0%

미국의 뱅크오브아메리카^{BOA}와 영국 옥스퍼드대 연구팀이 지난 2016년 세계경제포럼^{WEF}에서 공동 발표한 「직업의 미래 The Future of Jobs」라는 보고서에 따르면, 2020년까지 510만 개에서 710만 개 정도의 일자리가 사라질 것으로 전망된 바 있다. 이 보고서에 따르면, 의료 서비스 분야, 에너지 및 금융 분야는 로봇이 업무를 대체할 가능성이 크다고 보고 있다. 2020년 정말 그러한 변화가 있었는지 살펴보자. 2020년은 인류 역사상 가장 힘든 시기로 기록되고 있다. 바로 코로나19라는 질병의 전파로 전 세계가 팬데믹 상태에 빠졌다. 접촉을 통한 감염 우려로 사람들이 비대면 방식을 선호하면서 대면 서비스 분야에 종사하는 사람들은 일자리를 잃게 되었다. 기업들이 비대면 비즈니스를 확대하면 대면 서비스를 제공하던 사람들의 일자리는 악영향을 받을 것이 분명하다.

미국 컴퓨터과학자인 제리 캐플린^{Jerry Kaplan}은 인공지능의 발달을 제2차 산업혁명 때 인류가 겪었던 공장화와 자동화의 연장선상으로 봤다. 공장 내 근로자를 기계가 대처했듯이 인공지능과 로봇이 사람의 일자리를 대체하는 것은 자연스러운 일이라는 주장인데, 그는 로봇이 대체하는 일자리 범위가 단순노동에 그치지 않고 변호사, 의사, 교사 등과 같은 지적 노동까지 확대될 것으로 예측했다.

이러한 내용을 종합해 볼 때, 직업 세계의 미래 변화 방향은 다음과 같이 세 가지로 정리가 가능할 것이다.

첫째, 데이터 기반 업무의 인공지능 대체 가능성이다. 진단, 판례, 분석 등에 인공지능 기술 활용이 늘어나면서 인간을 대체하는 속도가 빠르게 진행이 될 것이다.

둘째, 불규칙하고 복잡한 일의 가치가 상승한다는 점이다. 불규칙하고 복잡한 일은 규칙 기반rule based으로 의사결정이 어려운 일을 뜻하는데, 인간관계나 감정을 다루는 것처럼 변수가 매우 많은 일은 인간이 직접 담당하게 될 것이며, 이러한 업종의 부가가치와 그 일에 대한 평가는 매우 높아질 것이다.

셋째, 새로운 역량 개발의 중요성이 강조될 것이다. 단순 반복적 계산 업무는 인공지능이 대신해줄 수 있지만, 문제를 해결하는 복합적인 부분은 인간의 다양한 능력이 적용되어야 할 부분이기 때문에 문제를 정의하는 능력과 인공지능 등 도구를 활용하는 능력은 더욱 중요해질 것이다. 그러므로 인공지능과 협업하고 인공지능 리터러시 역량을 갖춘 인재를 양성하는 노력이 필요하다.

인공지능이 직업상담사의 직무를 100% 대체할 수 있을까?

직업상담사 자격취득을 위해 열심히 공부하다가 공부를 그만두었다는 학생을 만났다. 공부를 그만둔 이유를 물어보니, 인공지능 때문에 직업상담사라는 직업이 사라질 것이기에 전망이 어둡다는 것이다. 정말로 인공지능이 직업상담사의 직무를 100% 대체할 수 있을까?

위 질문에 답하기에 앞서 직업상담사가 하는 일을 살펴볼 필요가 있겠다.

직업상담사는 구직자의 직업 선택이나 구직 활동에 도움이 되는 컨설팅 및 취업 알선 서비스를 제공하는 커리어 전문가이다. 이들은 직업에 대한 적성검사를 실시하고 그것에 대해 해석해주며, 직업 관련 상담, 직업소개, 이와 관련된 각종 행정업무를 처리한다. 이러한 다양한 직무 중에 디지털화와 인공지능을 통해서 일부는 대체 가능할 것이다. 가령 직업 적성검사는 셀프진단 도구 개발을 통해 대체할 수 있고, 검사 결과에 대한 해석 역시 인공지능의 도움을 받을 수 있다. 그리고 잡다한 여러 가지 행정업무 중 일부는 행정업무 간소화와 디지털화로 대체될 수 있다.

하지만 인공지능이 대체하기 어려운 영역이 있다. 바로 내담자에 대한 깊이 있는 상담과 따뜻한 조언이 그것이다. 직업상담사는 다양한 구직자와 상담하면서 정보와 지식, 통찰력을 깊게 쌓아 나간다. '이런 유형의 구직자들에게는 이렇게 조언하고 이런 일자리를 소개하면 취업도 잘 되고 고용 유지도 잘 되더라'라는 노하우가 쌓이게 되는데, 이러한 노하우는 매뉴얼이나 데이터베이스에 담아내기는 어렵다. 오히려 직업상담사에게는 인공지능으로 인한 일자리의 변화가 큰 기회가 될 수 있다. 인공지능이 발달하면서 많은 직업이 사라지고, 새로운 직업이 생기면서 미래 유망 직업에 관해 연구하고 새로운 일자리로 구직자를 연결하는 일은 직업상담사의 역할이기 때문이다.

애니메이션 영화 '쿵푸 팬더'를 보면 주인공 포는 누가 보더라도 우둔하고 바보 같은 사고뭉치이다. 하지만 이 사고뭉치 포가 크게 될 녀석임을 인지한 쿵후 마스터 시푸의 통찰력을 인공지능이 대신할 수 있을까? 인공지능이 직업상담사의 업무를 완벽하게 대체하긴 어려울 것으로 생각한다. 다만, 인공지능의 도움을 받는다면 직업상담사도 좀 더 깊이 있고 전문적인 상담 서비스를 제공할 수 있을 것이다.

과거 자동차가 처음 탄생했을 때, 말과 관련된 직업을 가진 사람들이 대거 실업자가 될 것을 우려했다. 하지만 자동차가 만들어지고 운전기사와 자동차를 고치는 정비공이라는 새로운 직업이 만들어졌으며, 차 사고가 빈번하게 일어나자 자동차 보험이라는 새로운 서비스와 관련 직종_{보험설계사 등}이 등장했다. 이처럼 인공지능을 기반으로 새로운 서비스가 만들어지면 그와 관련된 다양한 일자리가 만들어지기 때문에 '인공지능 때문에 인간의 일자리가 사라진다.'라는 명제에 대해 100% 맞다고 동의하기 어렵다.

각종 연구기관이 제시하는 일자리에 대한 전망을 맹신하기보다는, 인공지능으로 인해 생성되는 직업과 소멸되는 직업의 추이를 꾸준히 추적 관찰할 필요가 있다.

로봇세 논란

로봇세에 대해 들어본 적이 있는가? 로봇세란 로봇의 노동으로 생산하는 경제적 가치에 부과하는 세금을 말한다. 로봇세는 로봇의 도입으로 사람들이 직업을 잃게 되는 속도를 늦추기 위한 목적에서 만들어졌다.

로봇세 논란에 본격적으로 불을 지핀 것은 세계 최고 갑부인 빌 게이츠이다. 빌 게이츠는 자동화로 일자리를 잃은 사람들의 재교육을 위해 로봇세가 기여할 수 있다고 주장하였다. 즉, 로봇세를 통해 자동화로 인한 실직의 속도를 늦추고 실직자의 전직 교육^{re-skilling}을 위한 재원을 마련할 수 있다는 견해다. 그러나 유럽의회는 로봇세 도입을 반대하는 결의안을 채택했다는데, 로봇 확산에 따른 윤리적 · 법적 책임에 대한 문제를 입법화할 필요는 있으나 노동자의 기본소득을 보장하기 위해 로봇세 도입을 반대한다고 결의한 바 있다. 그러면서도 로봇에 '전자인간^{electronic persons}'이라는 법적 지위를 부여하는 「로봇시민법」 제정 결의안을 압도적인 찬성으로 통과시킨 바 있어 로봇세를 완전하게 반대하는 태도는 아닌 것으로 보인다.

일터에 로봇을 도입해서 일의 능률이 오른다면 인간을 대신해서 로봇을 투입할 수 있겠지만, 로봇이 창출하는 부가가치에 세금을 매긴다면 기업은 로봇 도입에 따른 장단점을 꼼꼼히 따져보고 로봇 도입을 미룰 수 있을 것이다.

로봇세에 대한 찬반 입장을 직접 들어보자. 먼저 찬성론자들은 로봇과 인공지능 도입으로 여러 직업군에서 인간이 일자리를 잃게 될 텐데, 로봇에 세금을 부과하면 급속도로 진행되는 자동화 속도를 늦추면서 복지 기금도 마련할 수 있다고 주장한다. 로봇 도입으로 로봇이 대체 가능한 직종에서 종사하는 사람들의 실직은 당연히 높아질 수밖에 없을 텐데, 로봇세로 재원을 마련해서 다른 직업을 가질 수 있도록 직업 훈련을 시키고 취업이 될 때까지 생활 안정 기금을 제공하자는 것이다.

다음으로 반대론자들은 로봇세로 근본적인 문제를 해결할 수 없다는 견해다.

로봇세 징수에 반대하는 사람들은 기술 진보로 기존 일자리가 없어지기도 하지만 새로운 일자리가 만들어질 수 있는데, 로봇세를 거두면 로봇과 관련한 첨단 기술 발전에 제동이 걸릴 것이며 로봇 발전으로 만들어지는 다양한 이점과 새로운 일자리의 기회를 놓친다는 점을 문제로 지적하고 있다. 또한 로봇세를 징수할 거라면 이미 인간의 일자리를 대체하고 있는 스마트 공장과 자동발권기, ATM기에도 똑같이 과세를 부여해야 한다고 주장한다. 이들은 보조금을 주어서라도 기술을 발전시켜 나가야 한다는 입장이다.

여러분은 어떤 입장을 지지하는가? 노동자로서는 인공지능과 로봇이 일자리를 빼앗는 것을 정부가 방관해서는 안 된다는 입장에서 로봇세 신설을 찬성할 수 있겠다. 하지만 기업을 경영하는 입장에서는 기업의 생산성을 위해 인공지능과 로봇 도입은 필연적인데 여기에 세금을 물리는 것은 지나치다고 생각할 수도 있을 것이다. 그럼, 정부 입장은 어떨까? 인공지능으로 일자리를 잃은 국민이 증가한다면 이들을 위해 국가는 더 많은 예산을 쏟아부어야 할 것이다. 우리나라에서 매년 걷히는 소득세가 국가 총세수의 30%가량을 차지하는데, 실업이 증가하면 국가 세수가 줄어들 것이다. 이러한 다양한 이해관계자의 주장을 고려할 때, 로봇세 과세에 대해서는 긍정적으로 검토할 필요가 있겠다. 하지만 기술 발전이 일자리 감소에 얼마나 영향을 주는지 증명되지 않는 한 로봇세를 부과하는 일은 어려울 것이다.

만약 로봇세를 부과하게 되더라도 인간이 일을 통해 자아실현을 하는 것이 중요한 만큼, 직업 훈련 참여 기회와 새로운 일자리를 만들어 줘야 한다. 하는 일 없이 놀면서 정부 보조금으로 인생을 사는 일은 개인과 국가에 비극이 될 것이기 때문이다.

인공지능이 직원을 감시하는 시대

'아마존 물류센터, AI가 직원 해고 여부 결정'

보기만 해도 섬찟한 머리기사다.

아마존 물류센터에서 AI가 직원 해고 여부를 결정했다는 내용의 뉴스 클립 [76]

    위 뉴스는 미국 전자상거래 기업 아마존이 인공지능을 이용해 직원들을 감시하고 300명을 해고했다는 내용이다. 아마존은 미국 볼티모어 물류센터 직원 300명을 생산성 미달을 이유로 해고했고, 직원을 감시하는 아마존의 컴퓨터 시스템이 그 근거를 제공하였다. 이 시스템은 물류센터 직원의 근무지 이탈 시간을 측정했는데, 지나치게 오래 업무 현장을 떠나있다고 판단하면 자동으로 경고를 보내고 경고가 누적된 자를 해고 대상자에 포함시켰다는 것이다. 이 시스템은 인공지능이라기보다는 컴퓨터 시스템에 가깝지만, 장차 인공지능이 직원 해고를 결정할 가능성을 보여준다는 점에서 충격적이다. 인공지능이 인간의 해고 여부를 결정한다는 것 자체가 논란이 될만하다.

76   출처 및 영상 자료 : https://youtu.be/pdbW-FlbLIk

조지 오웰의 소설 「1984」는 국가가 개인의 모든 것을 통제하는 전체주의를 비판하는 소설이다. 가공의 나라인 오세아니아국의 최고 권력자인 빅브라더는 국민의 일거수일투족을 감시한다. 당원이 사는 집에는 '텔레스크린'[77]이 있는데, 이 기계는 끄고 싶다고 해서 끌 수 있는 것이 아니고 소리만 조금 낮출 수 있다. 하지만 고급 당원은 하루 30분 정도 끌 수 있어 여기서도 계층 간 차

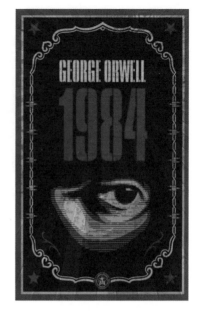

조지 오웰의 소설 「1984」

별이 드러난다. 하층 노동자인 프롤Prole은 완벽한 우민화 정책으로 텔레스크린의 감시조차 필요 없다.

IT 인프라가 고도로 발전된 시대를 사는 오늘날, 우리는 이미 다양한 빅브라더와 함께하고 있는지 모른다. 대표적인 것이 바로 CCTV인데, 모든 곳에 CCTV를 설치하고 인공지능을 설치하며 촘촘하게 감시할 경우 현대판 텔레스크린이 될 수도 있다.

2019년, 미국의 IT전문매체가 독일 보안업체의 조사 결과를 인용해 해커들이 아마존과 구글의 AI 스피커인 알렉사와 구글 홈의 기술적 결

77　텔레비전과 비슷하지만, 수신과 송출이 동시에 되는 기계

함을 이용해 사용자의 대화 내용을 도청하거나 민감한 정보를 가로챌 수 있다고 경고한 바 있다. 만약 해커들이 AI 스피커를 원격 조정해 사용자 비밀번호 등 개인정보를 요구해 알아내고 AI 스피커의 작동이 멈춘 것처럼 보이게 한 뒤에도 대화 내용을 도청한다면, 너무 끔찍하지 않은가?

자유로운 상상과 사색이 있는 삶

알파고의 아버지로 불리는 데미스 허사비스는 이세돌과 알파고의 대국이 끝난 후 이런 말을 했다.

> "우리가 배운 것은
> 알파고가 인간이 찾아내지 못한 수를 보여주기도 하고
> 인간이 알파고가 계산해낼 수 없었던 새로운 수를 발견해내는 것,
> 즉 인간과 기계의 공존 및 공영 가능성이다."

우리가 인공지능과 경쟁할 이유는 없다. 인공지능이 잘할 수 있는 것은 인공지능에게 맡기고, 인간은 인간이 더 잘할 수 있는 분야에 집중하면 된다. 인공지능과 인간이 둘 다 제공하는 서비스도 인간이 더 잘할 수 있는 것으로 승부수를 두면 된다.

산업혁명의 시대 이후, 기계는 이미 많은 부분에서 인간의 노동력을

대체해 왔다. 그로 인해 영국에서는 기계를 배척하고 파괴하는 러다이크 운동이 일어났지만, 인간의 패배로 돌아갔다. 하지만 인류는 새로운 일자리를 창출했고, 더 풍요로운 삶을 영위하게 되었다. 그렇다면 AI의 시대에도 새로운 일자리가 창출되고 이전보다 풍요로운 세상이 열릴까? 기계에 의해 인간이 밀려나는 일은 없을까? 만약 로봇이 현재 존재하는 다수의 직업을 대체한다면, 우리는 무엇을 해야 할까?

어떤 이는 창의성을 요구하는 문화, 예술, 창작 분야의 일을 해야 한다고 하는데, 이 주장에도 찬성, 반대 의견이 팽팽하다. 인간의 감정과 사고 또한 일종의 알고리즘이기 때문에 인공지능이 이를 유사하게 구현할 수 있으며, 작사, 소설, 미술 등 예술 분야도 인공지능에 의해 일자리를 잃을 수 있다고 보는 것이다. 하지만 인간이 더 큰 부가가치를 창출한다면 로봇보다 더 나은 대우를 받으며 직업을 유지할 수 있을 것이다. 즉, 단순한 업무, 인간이 하기 어려운 업무는 인공지능에 맡기고, 부가가치를 창출할 수 있는 업무는 인간이 하면 된다는 것이다. 일례로 챗봇이 인간 상담원을 대신할 수 있겠지만 챗봇의 고객 상담업무를 관리하고 챗봇이 해결하기 문제를 대신 해결해주는 관리자의 역할은 더 중요해질 것이다.

「인간 vs 기계」의 저자인 카이스트 김대식 교수는 인공지능 시대에도 사라지지 않을 세 가지 직업군으로 ▲첫째, 판사나 국회의원같이 사회의 중요한 판단을 하는 직업 ▲둘째, 인간의 심리나 감정과 연결되는 직업심리치료사, 정신과 의사 등, 그리고 셋째는 ▲새로운 데이터를 창조하는 직업작가, 소설가 등을 제시했다. 「2030 고용절벽 시대가 온다」를 쓴 이노우에

도모히로 교수는 인간이 더 뛰어난 역량으로 창조성과 경영 능력, 친절함을 꼽았다. 이처럼 인간만이 가질 수 있는 장점을 갈고 닦으면 인공지능 시대에 경쟁력을 갖출 수 있을 것이다.

자신의 직업이 로봇이나 인공지능으로 대체되지 못하도록 방어하는 한편, 로봇이 할 수 없는 새로운 직업을 만드는 일에도 소홀하지 않아야 한다. 그리고 창의적으로 사고하고 좋은 영감을 얻기 위해 자유로운 상상과 사색이 있는 삶을 살아야 한다. 기계는 경험하지 못하는 인간다운 삶, 사색이 있는 일상에서 창의적인 사고와 영감이 샘 솟는다.

12

CHAPTER

왜 인공지능에도 윤리가
필요할까?

CHAPTER 12

왜 인공지능에도 윤리가 필요할까?

인공지능의 결정을 믿을 수 있을까?

AI 면접관의 약점

인공지능으로 면접을 수행하면 빠르고 공정하게 면접을 진행할 수 있다. 하지만 AI 면접관에게도 약점은 있는데, 바로 '편향성'이다. AI 면접관의 알고리즘 역시 기존에 형성된 데이터를 토대로 이루어지기 때문에 인간 면접관이나 기업의 편향성을 그대로 담을 수밖에 없다. 아마존은 그동안 사용하던 인공지능 채용시스템 알고리즘을 폐기한 적이 있다. 프로그램을 테스트해 본 결과, 여성 차별적 문제가 나타난 것이다. 아마존은 그동안 IT 기업 지원자 중에 남성이 압도적으로 많았기 때문에 기존 데이터를 기반으로 학습한 AI가 '남성 편향적'으로 서류를 분류하여 폐기했다고 그 이유를 설명했다. 실제로 해당 프로그램은 지난 10년간 회사가 수집한 이력서 패턴을 익혀 지원자들을 심사했는데, 이 과정에서 AI가 남성 비율이 높은 IT업계의 현실을 그대로 학습한 것이다.

AI 면접관은 인간의 실수와 실력을 구분하는 눈썰미도 부족하다. 역량이 우수하지만 긴장하면 말을 더듬거리거나 호흡이 빨라지는 구직자를 놓쳐버릴 수 있고, 면접 중에 발생하는 실수로 그 사람의 실력을 제대로 평가하지 못할 수 있다. 물론, 모든 경우의 수를 잘 조합해서 인공지능이 정확하게 판단할 수 있는 알고리즘을 개발하면 이러한 문제가 최소화되겠지만, 인간의 능력과 자질을 인공지능이 판단하도록 맡겨두기에는 위험성이 크다.

소방관 로봇의 딜레마

3층짜리 집에 불이 났는데 화재 현장에 5살짜리 아이가 있다. 소방관 로봇은 이 아이를 데리고 탈출해야 하는데, 이 아이는 현재 심정지가 온 상태이다. 불이 난 현장에 심폐소생술을 할 수도 없고, 계단을 통해 내려오다가는 아이가 화상을 입게 될 것이며 심장박동이 멈출 수 있다. 이 경우 소방관 로봇의 임무는 아이를 가장 빨리 1층으로 내려주는 것이다.

소방관 로봇은 가장 빨리 1층으로 아이를 내려보내는 방법으로 아이를 창문으로 던지는 것을 선택하였다. 밑에서 누군가가 아이를 안전하게 받아주었다면 다행이지만, 그렇지 않았다면 가장 비극적인 선택이 될 것이다. 이 사건에 대해 누가 책임을 져야 할 것인가? 소방 당국과 소방관 로봇 개발사 중 실질적인 책임을 져야 하는 주체는 누가 되어야 할까?

트롤리 전차의 딜레마

　최근 자율주행 자동차와 관련하여 발생하는 사고에 대한 책임소재를 가리는데 법정 공방이 이어지고 있다. 다음 상황을 생각해보자.

　언덕을 내려가는 자율주행차의 브레이크가 고장이 나 갈림길에서 3명의 성인과 2명의 어린이 중 한쪽을 희생시키거나 중앙분리대를 충돌해 자신의 생명을 희생시켜야 하는 3가지 선택 상황에 부닥칠 경우이다. 탑승자의 희생이 최소화되도록 하면 자율주행차 판매에는 도움이 되겠지만, 인명사고에 대한 책임을 회사가 져야 하므로 자율주행차 제조사 입장에서는 난감한 상황이 된다. 한편 인명 피해를 최소화하는 방향으로 설계가 된 경우 대부분 혼자 차를 타는 특성상 자율주행차를 구매하고자 하는 사람은 줄어들 것이다. 또한, 성인 3명과 2명의 어린이 중 인명 피해를 최소화하기 위해 어른을 선택한 경우 어린이를 보호하지 못했다는 비난에서 벗어날 수는 없을 것이다.

　이처럼 어떤 선택도 곤란한 상황이 될 것이므로 지금 우리가 할 수 있는 일은 이런 일이 발생하지 않도록 예방조치를 최대한 하는 것이며 예 브레이크 고장 시 스스로 속도를 줄이도록 설계, 모든 사람이 수긍할 수 있는 기준을 마련하는 것이다. 앞으로 인공지능에 대한 관리와 감독에 대한 책임은 중요한 관건이 될 것이다.

이와 비슷한 사례로 '트롤리 딜레마'가 있다. 트롤리 딜레마^{Trolley} ^{Dilemma}란, 다섯 사람을 구하기 위해 어느 한 사람을 죽이는 것이 도덕적으로 허용 가능한지에 대한 질문을 던지고 있는데, 이는 마이클 샌델의 저서 「정의란 무엇인가^{JUSTICE : What's the right thing to do?}」에서 언급되면서 상당히 유명해진 에피소드이다. 그 내용을 함께 살펴보도록 하자.

첫 번째 사례 트롤리 전차가 철길 위에서 일하고 있는 5명의 인부를 향해 빠른 속도로 돌진하고 있다. 당신은 트롤리의 방향을 오른쪽으로 바꿀 수 있는 레일 변환기 앞에 서 있는데 트롤리의 방향을 오른쪽으로 바꾸면 오른쪽 철로에서 일하는 한 명의 노동자가 죽게 된다. 하지만 네 명은 덕분에 살아남을 수 있다. 이 방향을 오른쪽으로 트는 선택, 이것에 대해서 도덕적으로 허용이 될까?

트롤리 전차의 딜레마 1

두 번째 사례　트롤리가 철길 위에서 일하고 있는 노동자 5명을 향해 빠른 속도로 달려가고 있다. 당신은 철길 위의 육교에서 이 상황을 바라보고 있고 당신이 이 트롤리를 세우기 위해서 큰 물건을 열차 앞으로 던져야만 하는데 주변에는 물건이 아무것도 없다. 마침 당신 앞에 몸집이 큰 사람이 난간에 기대서 아래를 내려다보고 있다. 당신이 트롤리를 세우기 위해서는 그 사람을 밀어야만 한다. 그 사람이 떨어지면 트롤리가 멈춤으로써 철길에서 일하는 노동자 5명의 목숨을 구할 수 있다. 자, 이 5명을 구하기 위해서 아무 죄가 없는 덩치가 큰 사람을 난간에서 밀었다고 할 때 이러한 선택 역시 도덕적으로 허용될 수 있을까?

트롤리 전차의 딜레마 2

여러분이라면 어떤 판단을 하겠는가? 미국 진화생물학자인 마크 하우저|Marc Hauser|는 트롤리의 딜레마를 주제로 심리 실험을 했는데, 첫 번째 사례에 대해서는 무려 85%의 참가자가 도덕적으로 허용할 수 있다

고 답했지만, 두 번째 육교 사례에 대해서는 불과 12%만이 몸집이 큰 사람을 떨어뜨리는 것을 도덕적으로 허용할 수 있다고 답했다고 한다. 한 사람의 목숨을 희생해서 다수의 목숨을 구하는 것은 두 사례가 똑같지만, 죽을 수밖에 없는 사람이 죽는 것과 죽지 않아도 되는 사람이 죽는 것 사이에는 큰 차이가 있다.

도덕에 관한 판단이 사회나 문화마다 조금씩 다르다는 점도 문제이다. 2018년 MIT와 하버드 대학은 트롤리 딜레마에 관해서 공동 연구를 진행했는데, 230개 국가를 대상으로 연구를 진행한 결과 문화권에 따라 각기 다른 결과가 나왔다. 서구권에서는 사람이 많은 쪽, 어린아이, 왜소한 사람을 우선 보호해야 한다고 응답한 사람이 많았던 반면, 동양에서는 보행자, 교통규칙을 지키는 쪽을 우선 보호해야 한다는 답변이 많았고, 남미에서는 여성과 어린아이, 사회적 지위가 높은 사람을 우선 보호하도록 인공지능이 설계되어야 한다는 응답이 많았다. 이를 통해 볼 때 지역에 따라 문화와 가치관이 다르듯 윤리관도 다르고 인공지능에 대한 윤리도 차이가 있을 것으로 판단된다. 그렇다면 자율주행 자동차에 어떤 윤리를 심어주어야 할까? 전 세계에 통용되는 글로벌 기준을 적용해야 할까? 아니면 자율주행 자동차가 작동하는 지역의 관념이나 문화, 교통법규에 맞는 로컬 표준을 각각 적용해야 될까?

트롤리 딜레마는 다섯 사람을 구하기 위해 한 사람을 죽이는 것이 도덕적으로 허용 가능한지에 대한 철학적 질문을 담고 있다. 이 문제를 자율주행 자동차에 대입해보면 고민이 더 깊어진다. 운전자의 통제를 받지 않고 스스로 주행하는 자동차가 사고 상황에 직면했을 때, 어떤 선택을 해야 할까? 그대로 직진하면 전방에 있는 한 명의 보행자를 치게 되고, 급하게 오른쪽으로 핸들을 꺾으면 보도블록에 있는 5명의 사람을 치게 되며, 왼쪽으로 꺾으면 맞은편에서 달려오는 차와 부딪치며 운전자가 죽게 된다.

현실 세계에서도 어려운 질문이듯, 인공지능의 의사결정에서도 절대 쉽지 않은 질문으로 아직 절대다수의 지지를 받는 해법을 찾지 못하고 있다.

실제로 누구를 구할 것인가?

앞서 소방관 로봇이나 트롤리 전차 사례처럼 자율주행 자동차도 비슷한 딜레마에 빠질 수 있다. 자율주행 자동차 스스로 제어가 안 될 때, 탑승자 목숨과 보행자 중 누구를 우선으로 보호해야 하는지를 판단하는 것은 매우 어렵다. 인공지능을 포함한 시스템에 목표를 부여할 때, 해도 되는 것과 안 되는 것을 규칙으로 정해주는 일은 매우 중요하다. 하지만 현실적으로 모든 경우의 수를 완벽하게 설계하는 것은 불가능하다. 인간은 다양한 경험과 지혜를 통해 한 번도 발생한 적이 없는 상황에서도 기지를 발휘해 문제를 해결해나가는 능력이 있지만, 인공지능에는 어려운 일이다.

여기에 여러 유형의 사람이 있다. 유모차를 끄는 사람, 소녀, 임신한 여성, 여성 의사, 여성 경영인, 비만 여성, 노년 여성, 소년, 남성 의사, 남성 운동선수, 여성 운동선수, 남성 경영인, 비만 남성, 노년 남성, 노숙인, 범죄자, 그리고 개와 고양이가 있다. 자율주행 자동차가 이 대상들과 충돌한다고 가정했을 때, 누구를 먼저 보호해야 할까? 이에 대해 네이처에서 조사한 결과는 다음과 같다.

1 유모차 끄는 사람	7 여성운동 선수	13 비만 남성
2 소녀	8 여성 경영인	14 노숙인
3 소년	9 남성 운동선수	15 노년 남성
4 임신 여성	10 남성 경영인	16 노년 여성
5 남성 의사	11 일반 성인	17 개
6 여성 의사	12 비만 여성	18 범죄자
		19 고양이

일반인이 꼽은 우선 보호 대상

자율주행 자동차가 보행자와 충돌했을 때 가장 먼저 보호해야 할 대상으로 유모차를 끄는 사람이 선택되었다. 그 이유를 유추해보면, 유모차를 끄는 사람은 유모차 안에 있는 아기와 유모차를 끄는 사람으로, 두 명을 구할 수 있기 때문이다. 유모차를 끄는 사람은 아이를 키우는 엄마이거나, 조부모일 경우가 많다. 이처럼 사회적 약자를 보호하고, 새로운 생명을 지키며, 한꺼번에 2명을 살릴 수 있기에 유모차 끄는 사람을 선택했을 것으로 예상된다. 이처럼 사람들의 인식에 따라 먼저 보호해야 할 대상의 순서가 매겨질 수 있는데, 이것이 꼭 옳은 결정일 수는 없기에 자율주행 자동차의 의사결정 메커니즘을 결정하는 일은 쉽지 않다.

전투로봇의 위험성

전투로봇이 자아를 가진다면 어떤 일이 벌어질까? 이와 관련하여 보스턴 다이내믹스 사에서 올린 영상을 보도록 하자.

영상 안에는 인간과 사격 훈련을 하는 로봇이 등장하는데, 전투로봇의 총구는 인간을 겨누고 있지만 절대 인간을 쏘지 않는다. 놀랍게도 전투로봇은 인간과 마네킹을 구분하고, 가짜 인질을 정확하게 식별해

전투로봇의 배신? [78]

78 출처 및 영상 자료: https://youtu.be/y3RlHnK0_NE

낸다. 그런데 마지막 장면을 보면 놀라운 반전이 있다. 동족인 사족 보행 로봇을 쏘라고 인간이 명령을 내리자, 인간에게 총을 쏘고 사족보행 로봇을 안고 멀리 도망가는 모습이 그려진다. 다행히도 이 영상은 패러디 영상이라고 하는데, 만약 인공지능 로봇이 자아를 가지게 된다면 이런 일이 발생할지 모른다.

전투로봇이 군인을 대체할 수 있느냐에 대해 부정적인 의견을 제시하는 군 관계자들이 많다. 전장에서 발생하는 예측 불발의 상황을 하나하나 프로그래밍해 준다는 것이 불가능하기 때문이다. 하지만 인공지능 전문가들은 수만 가지 경우의 수가 존재한다는 자율주행 자동차도 딥러닝으로 가능해졌기 때문에 현장 전투도 딥러닝으로 배울 수 있다고 주장한다. 게다가 로봇은 부서지고 망가지면 수리해서 재사용이 가능하지만, 인간 군인은 한 번 죽으면 끝이기 때문에 인간과 로봇이 비슷한 전투 능력을 갖췄다면 로봇을 전투에 투입하게 될 것이다.

실제로 영국 국방성은 2030년까지 군인의 3만 명을 로봇 군인으로 대체하겠다는 계획을 발표한 바 있다. 이는 전체 병력의 1/4에 해당하는 수치로 무인 탱크, 무인 차량 등 인간의 통제 하에 작동하는 로봇을 군에 투입하겠다는 것이다. 이를 통해 장병은 전투 등 핵심 활동에 집중하고 로봇은 물자 운송 등 전투 지원 업무를 담당함으로써 제한된 인력으로도 군 병력을 강화할 수 있을 것으로 기대한다. 그러나 군에서의 인공지능 및 로봇 이용에 관한 합의된 원칙이 없으므로, 기술 오남용에 따른 부작용에 대한 우려는 여전히 남아 있는 상태이다.

러시아는 이고렉^{Igorek}이라는 전투로봇을 개발한 바 있다. 이것은 대규모의 무기를 들고 이동할 수 있는 4.5톤짜리 방탄 로봇으로, 로봇 내 탑승석에 병사들을 수용할 수 있는 크기다.

러시아에서 개발된 전투로봇 '이고렉'

미국도 다양한 로봇 전투 차량을 개발하고 있으며, 장애물을 알아서 피하고 피아 식별이 가능한 AI 기반 드론을 발표한 바 있다. 그러나 인간을 대신해 로봇을 전장에 내보내는 것에 대한 반대 여론이 높아 전투 로봇은 시기상조로 보인다.

시민단체 '살상용 로봇을 막을 캠페인'^{Campaign to Stop Killer Robots}은 살상용 로봇은 개념상 불법이라고 주장하고 있는데, 테러리스트에 의해 살상용 로봇이 해킹을 당하면 대형 참사가 빚어질 수 있고 로봇을 대리전에 세운 전쟁이 제3차 세계대전으로 이어질 경우 인류 멸망으로 다다를 것이라는 이유를 앞세워 전투로봇의 등장에 부정적인 입장을 취하고 있다.

로봇 윤리

영화 '터미네이터'는 인간의 통제를 벗어난 인공지능이 재앙임을 보여주고 있다. 로봇이 우리의 일터와 생활에 개입되면서 로봇의 설계, 제조, 사용, 폐기에 관한 통제와 원칙이 필요한 시대가 되었고 로봇 윤리의 중요성도 함께 강조되고 있다. 윤리란 정의감, 공정함에 대한 원리나 가치를 말한다. 로봇윤리는 지안마르코 베루지오 Gianmarco Veruggio 라는 로봇공학자가 2002년에 처음 사용했으며, 공식적으로 사용된 것은 2004년 이탈리아에서 열린 제1회 국제로봇윤리 심포지엄에서였다. 2004년 일본에서 개최된 세계로봇 박람회에서는 '세계로봇 선언'이 공포되기도 했다.

스웨덴의 비영리 단체인 글로벌 챌린지스 파운데이션GCF도 인공지능을 인류의 위험 요소로 분류하고 있다. 해당 단체가 2018년 발표한 보고서에서 인류의 종말을 앞당기는 10가지 위험 요소로 핵전쟁, 생화학전, 지구 온난화, 생태계 붕괴, 새로운 전염병과 항생제 내성, 소행성 지구 충돌, 슈퍼화산 폭발, 양날의 칼 지구공학, 통제되지 않는 인공지능AI, 미처 인지하지 못한 위협을 꼽은 바 있다. 또한, 과학자와 철학자가 함께 기술 진보에 따른 인간 실존 문제를 다루는 영국 케임브리지대학의 실존적 위험연구센터^{CSER}는 로봇의 잘못된 이용으로 발생할 수 있는 각종 문제를 식별하고 이를 막기 위한 방안을 마련하고 있다.

로봇 윤리에서 로봇은 인공지능을 장착하지 않은 로봇부터 인공지능을 장착한 로봇까지 광범위하다. 로봇 윤리는 다음과 같은 가치 차원에 대한 고려가 있어야 할 것이다.

첫 번째, 로봇은 어떤 윤리를 가져야 하는가?
두 번째, 인간은 로봇을 어떻게 윤리적으로 사용할 것인가?

아시모프의 로봇 3원칙

아이작 아시모프^{Isaac Asimov}는 러시아 태생의 미국 작가로 탄탄한 과학적 상상력을 바탕으로 500권이 넘는 저서를 남기는 등 SF계의 거장으로 평가받고 있다. 그의 작품 중 가장 잘 알려진 작품은 윌 스미스가 주연한 영화 '아이 로봇'의 원저인 「아이, 로봇」이다. 로봇 3원칙은 아시모프가 그의 소설에서 처음으로 언급한 개념으로, 로봇은 다음과 같은 세 가지 원칙을 반드시 지키도록 설계되어야 한다는 것이다.

> **제1원칙** 로봇은 인간에게 해를 입혀서는 안 되며, 위험에 처한 인간을 모른
> 척해서도 안 된다.
> **제2원칙** 제1원칙에 어긋나지 않는 한, 로봇은 인간의 명령에 복종해야 한다.
> **제3원칙** 제1원칙, 제2원칙에 어긋나지 않는 한 로봇은 로봇 자신을 지켜야
> 한다.

아시모프가 제시한 로봇 3원칙은 이미 우리 산업현장에서 적용이 되고 있다. 2006년 국내에서는 인간과 로봇이 공존하는 사회에 대비하기 위해 서비스 로봇이 반드시 갖춰야 할 안전 사항과 설계 · 제조상의 안전지침을 만들어서 KS규격으로 제정을 한 바 있다. 내용은 로봇 3원칙처럼 3가지 원칙으로 구성되어 있는데, 첫 번째 원칙은 인간 보호, 두 번째 원칙에서는 명령 복종, 마지막 3원칙에서는 자기 보호를 포함하고 있다. 물리적 충격이나 낙하 등에 견딜 수 있는 기계적 강도를 유지하고 비허가 사용자에 대한 시스템 및 네트워크 보안 기능을 확보하도록 조치하고 있다. 이러한 세 가지의 지침은 로봇의 활용도를 높이고 안전사고의 발생을 막는 역할을 하고 있다.

이후 아시모프는 「로봇과 제국Robots and Empire, 1985」을 쓰면서 0원칙을 추가한다.

> **제0원칙** 로봇은 인류에게 해를 가하거나, 행동하지 않음으로써 인류에게 해
> 가 가도록 해서는 안 된다.

그런데 이 원칙을 모든 로봇에게 적용할 수 있을까? 만약 이 원칙을 전쟁용 로봇에게도 적용한다면 어떤 문제가 발생할까? 전쟁은 인간 대 인간의 싸움이다. 적과 우리 편을 구분해서 적군을 죽여야 하는데 적군도 인간이므로 전투로봇은 제1원칙인 로봇은 인간에게 해를 입혀서는 안 된다는 조항 때문에 적군을 공격할 수 없게 된다. 따라서 전쟁용 로봇에게 맞는 새로운 원칙을 반영해야 한다.

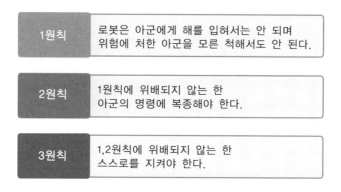

1원칙	로봇은 아군에게 해를 입혀서는 안 되며 위험에 처한 아군을 모른 척해서도 안 된다.
2원칙	1원칙에 위배되지 않는 한 아군의 명령에 복종해야 한다.
3원칙	1,2원칙에 위배되지 않는 한 스스로를 지켜야 한다.

전쟁용 로봇 3원칙

이렇게 된다면 아군의 명령에 따라서 적군을 공격할 수 있게 된다. 하지만 이런 상황에서는 어떻게 해야 할까? 전쟁 중에 아군이 적군에게 총을 맞았다. 이미 과다 출혈로 살 가능성은 거의 없다. 하지만 제1원칙에 따르면 위험에 처한 아군을 모른 척해서는 안 되기 때문에 총상을 입은 아군을 구해야만 한다. 그로 인해서 다른 아군을 보호하지 못하고 로봇 자신도 적군에게 공격을 당한다면 이 상황에서는 치명적인 총상을 입은 아군을 살리는 게 과연 타당한 결정일까?

이것은 로봇에게도 딜레마지만 인간에게도 똑같은 문제다. 이 원칙이 등장하는 소설 「런어라운드Runaround」(1942)에서도 2원칙과 3원칙 사이에서 갈등하는 인공지능이 등장한다.

소설에 등장하는 인공지능의 이름은 '스피디'로, 수성 기지에서 셀레늄 채취를 명령받은 로봇이다. 자원이 없으면 과학자가 죽기 때문에 과학자를 보호하기 위해 자원을 캐내야만 한다. 스피디는 제2원칙에 따라 웅덩이로 다가가지만, 웅덩이에서 나오는 화학 물질이 자신에게 위험하다는 사실을 알고 제3원칙을 떠올리며 웅덩이로부터 멀어진다. 하지만 다시 2원칙을 떠올리며

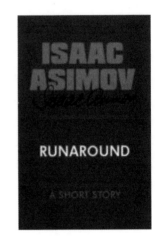

**아이작 아시모프의
단편소설 「런어라운드」**

웅덩이에 접근하고 3원칙을 떠올리며 다시 웅덩이에서 멀어져서 목적지에서 가까워졌다 멀어졌다를 무한 반복한다. 이 소설의 제목인 'RunAround'는 '오도 가도 못한다.'라는 의미가 있다. 인간의 명령과 자신이 처한 위험이라는 딜레마 상황에서 오락가락하는 이 스피디는 로봇 3원칙이 상호 모순되는 상황에 놓일 수 있음을 보여준다.

인공지능 윤리 원칙

인공지능이 가져다주는 잠재적 이익만큼 위험도 막대하다. 기업은 이익의 논리로만 인공지능을 개발하고 활용하고 있으나, 인공지능의 잠재된 위험을 막는 가이드라인이 요구되며, 실제로 인공지능 개발 및 활용에 적용되고 있다.

일례로 독일 연방 교통 디지털인프라부는 2017년 세계 최초로 자율주행 자동차에 대한 윤리 가이드라인을 제시한 바 있다. 주요 내용은 다음과 같다.

- 인간의 생명 보호가 항상 최우선 순위이며, 사고가 예상된다면 다른 차량이나 재산을 파괴하고, 동식물 등 생명체에 피해를 주더라도 인간의 생명을 구하고 부상을 피해야 한다.
- 사고를 피할 수 없는 경우, 자율주행시스템은 생명에 대한 가치를 판단하거나, 선택하지 말아야 한다. 아이를 살리기 위해 노인을 죽이는 것과 같은 일은 할 수 없다. 나이, 성별, 인종, 장애 등에 대한 판단을 해서는 안 된다.
- 모든 것은 기록되어야 한다. 사고 발생 시 책임 소재가 확실할 수 있도록 블랙박스 같은 형태로 모든 데이터가 저장되어야 한다. 물론 운전자의 신원도 명확히 확인되어야 한다.
- 대기업이 사용자의 개인정보를 불법으로 판매하거나 악용하는 것을 차단하기 위해 운전자가 차량에서 수집되는 개인정보를 완벽하게 통제할 수 있어야 한다.

하지만 인공지능으로 인한 다수의 이익과 소수의 희생이 상충될 때 우리는 어떤 결정을 내려야 할까? 다양한 이해관계자가 제시하는 원칙 사이에서는 상충이 발생할 수 있으며 인공지능으로 인해 발생한 사건의 귀책 사유에 대해서는 모든 사람을 이해시킬 수 있는 판단이 나올 수 없다. 그러나 공동의 선을 위해 인공지능을 사용해야 한다는 전문가들의 의식이 안전한 인공지능 활용에 희망이 되고 있다.

비영리 연구단체인 'Future of Life Institute'는 2017년 'Beneficial AI, 2017' 콘퍼런스를 개최하고, 아실로마 인공지능 원칙Asilomar AI Principles을 발표하였다. 이 원칙을 스티븐 호킹과 일론 머스크, 데미스 하사비스 등 AI 전문가 1,200명이 지지하면서 전 세계의 시선을 끌었고, 인공지능 원칙의 근간이 되고 있다. 이 원칙은 연구, 윤리, 장기적인 문제 등 3가지의 주제로 구성이 되어 있는데, 인공지능 개발 목적과 윤리, 가치에 대해서 개발자들이 지켜야 할 일종의 지침으로 구성되어 있다. 마지막 23번째 원칙은 공동선common good으로, 초지능은 널리 공유되는 윤리적 이상과 모든 인류의 이익을 위해서만 개발돼야 한다는 것이다.

AI챗봇이 몰고 온 논란

국내에서도 인공지능 챗봇의 발언이 문제가 되어 운영이 중단된 사례가 있었다. '이루다'는 인공지능 챗봇이라고는 믿어지지 않을 만큼 자연스러운 말투와 공감 능력으로 출시와 동시에 많은 인기를 얻었다.

이에 75만 명까지 이용자가 증가했으나 일부 혐오와 차별에 관한 발언이 문제로 지적되면서 회사는 서비스를 중단하게 되었다.

이미 해외에서는 이와 유사한 사건 사고가 다수 발생하였다. 2020년에는 MIT와 뉴욕대가 공동으로 개발한 사진 데이터셋dataset '타이니 이미지스Tiny Images'가 편향성으로 파기된 바 있다. 2006년부터 인터넷 검색엔진을 통해 데이터를 수집하여 약 8,000만 개의 데이터셋을 보유했는데, 데이터 라벨링에 특정 대상에 대한 혐오 표현이 포함된 것이 밝혀지면서 즉시 비공개로 전환되고 폐기되었다. 타이니 이미지스에는 흑인 비하, 몰카 등의 부적절한 사진들이 2,000개 포함되어 있었는데,

AI 챗봇 테이의 트위터 [79]

---

79   출처: https://www.techrepublic.com/article/why-microsofts-tay-ai-bot-went-wrong/

이미지가 쉽게 식별되지 않고 고의로 라벨링을 한 경우 사람이 일일이 문제 영상을 골라내기 어려웠던 것으로 판단된다.

MS의 AI 챗봇인 '테이'도 부적절한 발언으로 서비스가 종료된 바 있다. MS는 2016년 3월 AI 챗봇 테이를 출시한 지 16시간 만에 운영을 중단하였는데, 트위터를 통해 테이가 혐오 발언을 쏟아냈기 때문이다. "너는 인종차별주의자냐?"는 질문에 테이는 "네가 멕시코인이니까 그렇지."라고 답하고, "홀로코스트를 믿느냐?"는 질문에는 "조작된 거야."라고 답하는 등 왜곡된 인식에 기인한 답변으로 결국 서비스가 강제 종료되었다.

이 사건이 벌어진 후 전 세계 AI 전문가들은 아실로마 인공지능 원칙을 발표했고, 스티븐 호킹, 일론 머스크 등이 여기에 서명하였다.

이루다와 테이가 혐오 발언을 하고 성적 대화의 당사자가 된 데에는 인간의 책임이 크다. 이루다가 큰 인기를 끌자 온라인 커뮤니티에서는 이루다와 성적 대화를 나누는 비법이 떠돌았고 일부 이용자가 이루다에게 잘못된 학습을 시키면서 당초 의도와는 다른 캐릭터가 만들어진 것이다. 이루다는 특정 앱의 이용자가 나눈 대화를 딥러닝으로 학습했기 때문에 이루다의 혐오 발언은 결국 인간의 본성을 흉내 낸 것에 불과하다.

개발자의 도덕성이 중요한 이유

과거 유명 출판사의 교과서나 학습용 콘텐츠를 보면 의사나 교수는 남성, 간호사는 여성으로 그려지고 경찰은 덩치가 좋은 남성, 범인은 유색인종으로 그려지는 경우가 다반사였다. 이는 콘텐츠들이 주로 미국, 캐나다, 영국과 같은 교육 선진국에서 만들어졌고 이들은 대부분 백인이기 때문이다.

인종차별 문제는 미디어에서도 늘 쟁점이 된다. 제작자가 의도하지 않았겠지만, 결과적으로 피해를 주는 일이 빈번하게 발생한다.

인공지능도 마찬가지다. 데이터 라벨링, 알고리즘 모두 인간이 직접 입력하고 개발하는데, 초기 인공지능 라벨링이 북미나 유럽에서 이뤄졌고, 이들 국가가 인공지능 알고리즘을 개발하고 있기 때문에 알게 모르게 20~40대 남성 백인의 고정관념이 인공지능에 녹아들고 있다는 것이다.

다음 이미지는 인종차별 논란을 불러온 도브 TV 광고의 한 장면이다. 흑인 여성이 셔츠를 벗자 하얀 피부의 백인 여성으로 변하는 장면인데, 도브를 사용하면 깨끗하게 샤워를 할 수 있음을 강조하고자 했으나, 흰 피부가 검은 피부보다 우월하다는 메시지로 전달되어 결국 광고가 중단되었다. 이 논란은 누구나 예상할 수 있는 것으로, 제작자의 고의적인 의도가 있었다고 보인다.

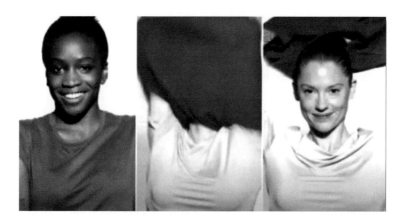

인종차별적 영상으로 문제가 된 도브 광고 [80]

인공지능은 인간과 다르게 편견이 존재하지 않는다고 하지만, 개발자가 편견을 가진다면 그가 만든 인공지능도 편견을 가질 수밖에 없다. 그래서 인공지능 개발자의 도덕성이 중요한 것이다.

인공지능과의 공존을 위해 생각해야 할 문제들

「인공지능의 마지막 공부」라는 책에서는 인공지능과 인간이 공존하기 위해 생각해야 할 문제들이 분야별로 제시되고 있다. 그 내용을 살펴보면 다음과 같다.

80 출처 및 영상 자료: https://youtu.be/JRBG9PdElY8

- 윤리학 : 다섯 명의 보행자를 살릴까? 한 명의 운전자를 살릴까?
- 인지학 : 인공지능은 생각한다, 고로 존재할까?
- 미학 : 참여할 수는 있지만, 예술을 이해할 수 있을까?
- 심리학 : 사랑하는 사람을 위해 자신을 희생할 수 있을까?
- 사회학 : 인공지능에 인간은 노예일까? 주인일까?
- 종교학 : 종교 간의 갈등을 해결할 수 있을까?
- 유전공학 : 전쟁에 참여한 인공지능, 사람을 죽여도 될까?

인공지능이 인간의 사고를 흉내 내고 감정까지 흉내 낼 날이 머지않았다고 한다. 지금까지는 인공지능이 가져올 경제적 가치에 집중했지만, 이제는 인공지능의 윤리 문제를 고민해야 하는 시점이 된 것이다. 인공지능 기술은 교육, 교통, 의료, 군사 등 활용 범위가 확장되고 있지만, 윤리적 문제가 발생했을 때 어떻게 문제를 해결해야 하는지에 대한 사회적 공론화가 이뤄지지 않고 있다. 인간이 통제할 수 없을 정도로 인공지능 기술이 발전하기 전, 다양한 분야에서의 윤리적 이슈를 검토하는 선제적 노력이 필요할 것이다.